乌江
远山的歌谣

田永红 著

北京大学出版社
PEKING UNIVERSITY PRESS

内 容 简 介

乌江风光神奇多变,乌江文化源远流长,其多民族文化遗产尤其丰富,是中华文明宝库中不可或缺的重要组成部分。乌江流域生活着我国20多个少数民族,"百蛮""百濮""百越""百夷"这些古代民族,都在乌江烙下了他们的历史印记。这里有"夜郎自大"的历史典故,有"盐油古道"的波澜史诗;这里人杰地灵,"俊杰之士,比干中州"。它不仅是一条江,更是一个值得品味、阅读的地方。

图书在版编目(CIP)数据

乌江:远山的歌谣/田永红编著.—北京:北京大学出版社,2015.3
ISBN 978-7-301-23813-4

Ⅰ.①乌… Ⅱ.①田… Ⅲ.①乌江—流域—文化研究 Ⅳ.①K297

中国版本图书馆CIP数据核字(2014)第018969号

书 名	乌江——远山的歌谣
著作责任者	田永红 编著
责任编辑	张亚丽
标准书号	ISBN 978-7-301-23813-4
出版发行	北京大学出版社
地 址	北京市海淀区成府路205号 100871
网 址	http://www.pup.cn 新浪微博:@北京大学出版社
电子信箱	pup_6@163.com
电 话	邮购部62752015 发行部62750672 编辑部62750667
印 刷 者	北京中科印刷有限公司
经 销 者	新华书店
	880mm×1230mm 32开本 6.375印张 180千字
	2015年3月第1版 2015年3月第1次印刷
定 价	33.00元

未经许可,不得以任何方式复制或抄袭本书之部分或全部内容。
版权所有,侵权必究
举报电话: 010-62752024 电子信箱: fd@pup.pku.edu.cn
图书如有印装质量问题,请与出版部联系,电话: 010-62756370

前　言

千里画廊——千里乌江

古老的乌江，横亘在我国西南地区的腹部，它以神奇险峻的自然风光和丰富多彩的历史文化而闻名于世。

千里乌江，千里画廊。"蜀中山水奇，应推此第一"，这便是古人对乌江这条文化底蕴深厚的神秘河流的绝美赞誉。

乌江因发源于贵州乌蒙山麓而得名。全长1050千米，于重庆市涪陵注入长江，支流遍及云南、贵州、湖北、重庆三省一直辖市共10个地区62个县。干流在贵州化屋基以上为上游，化屋基和思南之间为中游，思南以下为下游。乌江蜿蜒曲折，兼纳百川，干流沿途接纳许多支流，形成一个庞大水系，流域面积达87920平方千米，降水充沛，流量较大，年径流量534亿立方米，河口年平均流量时1690立方米/秒。

乌江的自然风光形成

乌江流域的地质构造雏形在燕山期形成。区域性深断裂和大断裂具有多期活动，对后期沉积建造及构造形变起控制作用，形成了乌江流域的特殊地貌，地处云贵高原东北部及四川盆地周围山区，整个地势自西向东、向东北逐渐倾斜。上游流经高原山区，地势最高，位于区内的韭菜坪，海拔2900米，不仅是贵州省最高

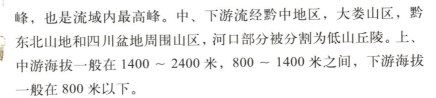

峰，也是流域内最高峰。中、下游流经黔中地区，大娄山区，黔东北山地和四川盆地周围山区，河口部分被分割为低山丘陵。上、中游海拔一般在 1400～2400 米，800～1400 米之间，下游海拔一般在 800 米以下。

乌江流域内碳盐类岩面分布面积广，厚度大，质地纯。在常温湿气候作用下，岩溶水的垂直循环不断加深，反映在地貌上则多深邃的峡谷、幽深封闭的圆洼地，深陷的消水坑（漏斗）和落水洞，以及天生桥、古河道、干悬谷等。流域内高原上的喀斯特地貌有叠置发育现象，如一些较大的喀斯特洼地，洼地中又发育有消水坑、落水洞等。峡谷两侧，常可见到多层溶洞。

乌江流域正处于我国亚热带湿润气候区内，其特点是冬冷夏热，四季分明，上游地处云贵高原，气温较低，雨量偏少，还常有伏旱，具有高原气候特征。中下游地区，冬暖夏热，降水充沛，湿度大，云雾多，日照少。天气变化较复杂，东西南北几重天。

流域年均温约为 15℃ 逐渐增高到下游的 18.1℃，1 月均温从 1.8℃ 逐渐增高到 7.3℃。源头威宁极端最低气温为 –15.3℃，为贵州省之极值。7 月均温从 17.5℃ 逐渐增高到 28.4℃。下游彭水极端最高气温 44.1℃。

乌江，古称巴江、延江、黔江、涪水，思南地段唐称内江后改称德江，是长江上游右岸的最大支流。乌江有南北两源，南源三岔河，北源六冲河，习惯上以南源三岔河为乌江干流。三岔河发源于贵州西部高原乌蒙山脉东麓，威宁县盐仓镇营硐村石缸洞，海拔 2260 米，河源从石缸洞里涌出一股清泉，形成一条溪流，并就近接纳了花鱼洞、黑鱼洞两股泉水汇入溪内，水溪水量渐增，缓缓地流出山谷，进入可盖大坝，距石缸洞约 5 千米右岸接纳黑龙潭泉水，水溪水量大增，溪水通过可盖大坝绕过香炉山，在香炉山前再接一股溪水，东南流经水城、纳雍、织金、六枝等县境，至普定后折向东北流去，经安顺、平坝、清镇等县市境至化屋基。以上称三岔河，为上游，长338.6千米。于化屋基与六冲河汇合后称鸭池河。东北流经黔西、修文、金沙、息烽、遵义，至乌江渡后称乌江。往下仍向东北流，经开阳、瓮安、湄潭、余庆、凤冈、石阡至思南，为乌江中游，长366.8千米；经德江、沿河县城，折西北方向入重庆酉阳、彭水、武隆至涪陵区入长江，为下游，长344.6千米。

乌江流域除下游一部分位于四川盆地周围山区外，其余均分布在云贵高原东北部，西以乌蒙山与金沙江支流横江——牛栏江为分水岭；南以苗岭与珠江流域西江上游红水河、北盘江为分水岭；东以武陵山与沅江为分水岭；西北以大娄山与赤水河、綦江为分水岭。流域地势由西向东、向东北逐渐倾斜；流域平面呈由西向东折转北东的狭长弧形带状，东北至西南长约650千米，南北最宽约360千米，最窄约100千米，流域正处在我国地势的第二级阶梯向第三级阶梯的过渡地带，呈现一个由西向东变化明显的大斜坡，东西向高差变化大，南北向高差变化小。

乌江流域横贯贵州全境、重庆东南部，湖北省的利川、咸丰以及云南省镇雄等共10个地州市的62个县市。

乌江上游两源系典型山区性河流，总的流向由西向东，大部为深切峡谷，喀斯特地貌发育，河流具有伏流段；水流湍急，落差大，河道弯曲狭窄，河床中崩石堆积，形成众多急滩，无舟楫之利。接纳支流有：二塘河、荫底河、月照河、阿南河、洞口河、水空河、白水河、依龙河、懒龙河、岩脚河、那巴河、波玉河、牛场河、六冲河等15条。

乌江中游穿行在崇山峻岭之间，由于河水侵蚀和地下水溶蚀，往往形成两三百米深的"V"型峡谷，水急滩多，震声隆隆，约有大小险滩148处，著名险滩有漩塘、天生桥、镇天洞、一子三滩等。汇入中游的一段支流有猫跳河、野济河、息烽河、偏岩河、鱼塘河、余庆河、深塘河、绿池河、石阡河、清渡河、谷撒河、湘江、清水江、瓮安河、沪塘河等河流。

乌江下游，峡谷与宽谷相间，河谷较开阔，水面较宽，平缓，有险滩22处，著名险滩有潮砥、新滩、龚滩、羊角碛等。下游接纳主要支流有印江河、马蹄河、郁江、芙蓉江、大溪河等11条。

乌江的民族文化发展

乌江流域总人口2000余万，其中少数民族占总人口的40%，主要有土家、彝、苗、仡佬、蒙古、布依、羌、满、回、白族等。在这些少数民族聚居的地区先后建立了民族区域自治机构。

最为世人注目的是乌江迎来了"人类黎明的曙光"。距今50万年前的"桐梓人""水城人"化石及旧石器的出土，说明了乌江是中华文明的策源地之一，"桐梓人标本在大小形态特征上，有少数性状是近似早期智人，但更多的性状是与直立人，尤其是北京猿人接近"。乌江流域留下的诸如钟山硝石洞、普定穿洞、赫章可乐等遗址，说明早在旧石器时代就有远古人类生息，到新石器时代也有土著居民的存在。

乌江流域是一个多民族地区，所谓"百蛮""百濮""百越""百夷"的记载，概括了古代民族复杂的情况。"百"言其多，"蛮""濮""越""夷"则是指不同的族系。现在我国55个少数民族之中，居住在乌江流域的就有20多个。大致而言，今我国

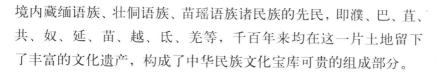

前言

境内藏缅语族、壮侗语族、苗瑶语族诸民族的先民,即濮、巴、苴、共、奴、延、苗、越、氐、羌等,千百年来均在这一片土地留下了丰富的文化遗产,构成了中华民族文化宝库可贵的组成部分。

由于巴人很早即和濮人在江汉流域和乌江下游地区杂居,所以不但在古籍中巴濮经常并称,而且在文化上也有很多相似之处,巴曾是川东、鄂西、黔东北、陕南、湘西南的一股强大的政治,经济和军事力量。自从秦灭巴蜀以后,巴人的发展即因时因地而不同,其情况颇为复杂,但巴黔中的巴人曾参与乌江文化的塑造是毫无疑问的。在古代,濮是我国南方一个很大的族系,所以又称"百濮",传说在商朝初年,他们就接受过商朝统治者的命令,进贡过土特产,公元前11世纪周武王伐纣的战争中,也有濮人参加。周成王在周大会诸侯,濮人又曾贡纳丹砂。西周初年,濮人进入乌江流域,直到汉晋时,乌江流域仍然有很多濮人。

夜郎人,有专家认为他们仍是夜郎地区的原始土著居民和原始时代徙入的越人,以及土著居民在越人中的混血融洽,夜郎人和巴人是最早在乌江流域建立地方政府的两个民族,春秋战国时期,乌江出口处的枳地(今涪陵)曾是巴国的政治、经济、文化中心,《华阳国志》载:"巴子时,其先王陵墓多在枳"(古人死后有"葬不越乡"的习俗,先王墓在枳,其先王立国之地必在枳)。1972年以来,今涪陵城南溯乌江而上的35千米的白涛镇小田溪发现和出土巴人墓葬20余座,随葬器物中有不少是王侯级别的人物才能享用的东西。

夜郎人先后在乌江流域建立了几个早期方国,这些小国因是同族并彼此相邻,互相间形成了初步的联盟关系,继而建成夜郎王国,地域应在今贵州安顺一带的汉夜郎县。《史记·西志夷列传》

007

记载夜郎国在汉武帝时的地位说:"西南夷君长以什数,夜郎最大。"

随着历史的车轮向前推移,秦汉时期,苗族、彝族也分别进入了乌江流域,而彝族很快在乌江上游建立了政权,成了一方君长,乌江源附近的向天坟为代表的彝族丧葬文化遗址和大量的彝族古典文献说明这个民族早已经进入了文明时代,尤其是彝族所建的罗氏鬼国、罗殿国和自杞国,地跨滇黔,影响深远。

由此,乌江流域各族人民团结一道,渔猎樵耕,披荆斩棘,在共同开发、建设乌江过程中做出了巨大的贡献。在创造丰富的物质文化的同时,也创造了绚丽多姿的精神文化。流域内山多洞穴多,温和湿润的自然环境,各民族长期交往,结集的社会历史背景,铸就了乌江流域民族文化诸多的特色和深厚的底蕴。山川的纵横交错虽不便于交通,客观上却有利于民族文化的积淀与传承。各民族大杂居、小聚居的分布格局,以及有乌江黄金通道之便与内地联系的日趋加强,促进了民族文化的传播和变异。

清代中叶以前,乌江流域各族服饰区别井然,成为不同民族或同一民族内不同支系特性的外在标志,后逐渐发生较大变化,民族服饰仍普遍传承至今的有苗族、彝族、布依族和汉族中的"屯堡人"。民族服饰着装的主体是妇女,男子多已改装。乌江中上游的苗族支系特别多,故其服装的款式最繁杂,约有一百种,堪居全国各族首位。安顺、平坝一带明代屯军的后裔"屯堡人"妇女服饰沿袭数百前江南民间服装式样,在整个汉族族系中实属罕见。

楼上住人、楼下养牲畜的古代"干栏"式房屋,在部分土家、苗族、仡佬族、布依族中仍然多见,随之演变而成的走马转角吊脚楼仍是乌江沿岸一道靓丽的风景线。黔中地区以石头砌墙,用石板盖顶的石板房,在布依族、仡佬族、苗族和屯堡村落中则比比皆是。在乌江上游尚有数以千计的洞居者,有的甚至整个村寨都建在洞穴之中。

在婚俗方面,乌江流域许多少数民族婚姻的缔结多有以男女群体性社交方式的自由恋爱为前提,再依提亲、定亲、接亲等程序完成。而各族的具体婚姻礼规又有着千差万别,从社交择偶到婚礼完成的全过程,均充满着热烈、欢乐、奇异的氛围,如土家族的哭嫁习俗就充满着喜剧色彩。

举办丧事隆重而肃穆,礼仪繁杂而又各自不同。土家族把丧事当作喜事办,敲锣打鼓,通宵达旦,还有板有眼地唱颂亡人生前的丰功伟绩,时不时还围着棺材跳绕棺舞,称之为"闹丧"。仡佬族葬人不丢过路钱,因为他们是这块地方的早期主人,有的民族通过"亡灵"回归所经途程可知该民族或该支系迁入乌江的线路。

乌江流域各民族的节日,更是五彩缤纷、丰富多彩。土家族过赶年、祭风神、端午划龙舟赛,仡佬族的"祭山""吃新",彝族的"火把节""赛马节",布依族的三月三,苗族的"杀鱼节""踩花山"等民族节日,民族风情浓郁,文化内涵丰富,场面盛大,情景感人。

土家族的傩堂戏,彝族的撮泰吉,安顺"屯堡人"的地戏都是戏剧活化石,以及在乌江流域各族民间流传着极为丰富的神话、传说、故事、歌谣,充满着古老、神秘的文化气息。还有苗族的笙舞、木鼓舞,布依族、水族、瑶族的铜鼓舞,土家族花灯舞、打溜子、唱八音,其鼓声锣音之雄浑、舞步之深沉、歌声之悠扬,给人以朴实、庄重、振奋、优美之感。

乌江流域虽地处西南腹地的多民族地区，秦汉以来，逐渐纳入中央王朝统一政治制度管理之下。在历史长河中，乌江流域各族在发展自己民族文化的同时，不断吸收着内地汉族的先进文化。西汉末年，公孙述据蜀时，西南许多地方向其归顺，只有乌江中上游郡公曹谢暹拒不归服，"保境为汉"。东晋时，李寿破宁州，建成汉制政权，"西南若干地方亦归附之，惟谢恕不为之所用，遂保境，独为晋"。东汉之际，牂柯郡正安县人尹珍即跋涉内地寻师求学。学成归来，设帷执教，"南域始有学焉"。

　　从西汉开始，遵义人盛览就向司马相如求教，苦心钻研学术，并做了两篇赋，这是乌江文学的开端。进入唐代后，李白、杜甫、白居易、孟郊等大诗人先后进入乌江，并吟诵乌江山水。宋代文学家黄庭坚谪居乌江流域三年，写了歌颂乌江的大量诗词，著名理学家程颐被谪涪州，讲授易学，后来著名哲学家朱熹发扬光大了程学，形成了"程朱理学"，支配我国思想界达七八百年之久。南宋李承约住黔南节度使时，即"兴起学校"。南宋开始，乌江流域出现了窦敩、冉从周等进士登上皇榜，明代王朝重视学校教育，普遍明令建卫、府、州、县学等官学及倡办民办官助的社学，乡绅捐办的义学及民间兴办的私塾。各级各类学校都以儒家礼教为核心，以教化为目的，使儒家思想在少数民族中上层及民间逐渐得以推行，加上汉民大量进入乌江流域，明清之际，乌江流域中上游人才蜂起，"以万马如龙出贵州"之势，角逐于华夏的科举场上，其"俊杰之士，比于中州"，而乌江注入长江之处的涪州，更是人文蔚盛，人才辈出。

　　尤其是明代哲学家王阳明谪居贵州龙场传授心学后，乌江流域的理学又掀起了一次高峰。明清进行的"赶苗拓业"和吴三桂剿水西等均与乌江水系有密不可分的联系，形成了乌江流域各少数民族文化都广泛地包含着汉文化的诸多成分的状况。其共性也相当明显，这是形成乌江流域民族文化同一性的重要因素。当然，在同一性的前提下，乌江少数民族文化都各有特色，具有鲜明的个性。民族众多，民族文化个性突出，是形成乌江流域民族文化间差异性的基本因素。民族文化在如此传承与变异的交互运行中发展，使流域民族文化成为多元一体文化的一个典型缩影。

总之，透过乌江流域民族文化的种种事象，我们可以从中感触到各族先民与自然和谐共处的生动情景及各民族生存、发展的轨迹；也能清楚看出乌江流域民族文化是长江流域文化尤其是三峡文化的重要组成部分。可以这样说，乌江水是从上游到下游，注入滔滔的长江，而乌江文化源头恰恰是从长江进入乌江下游到中游，渐渐到上游，上游相对闭塞又较为完整地保存了乌江文化的遗址及原生态的非物质文化。这是灿烂的中华文化的重要组成部分。

目　录

一、雕刻的喀斯特仙境　001

梦幻般的百里乌江画廊　002
山水依恋的绝唱　004
雕刻的石林盆景　005
扑朔迷离的洞穴世界　007
与神列座的灵山——梵净山　010
天坑地缝，一个地理的负数　014
神奇变幻的乌江天象　015
超凡入圣的心灵憩所——森林与草场　020
诗情画意般的田野　023
黑颈鹤永远的行宫　024
高原花海——百里杜鹃　028
洗涤心灵的黔汤　030
情趣的黔金丝猴与黑叶猴　032
童话般的乌江奇石　034

二、沧桑漫长的盐油古道　037

一切因巴盐而起　038
丹砂是打通早期中原的金钥匙　042
漫长的乌江盐丹古道　044
沉重悠长的古纤道　048
奇特的歪屁股船　052
丰富多彩的码头文化　054
盐油古道在群山间延伸　056
背来的文明与繁荣　061

目录

三、诗意般的栖居　065

土家吊脚楼的文化事象　066
庄重的石头寨与石板房　070
古色古香的江城民居　072
魅力多姿的乌江乡村　075

四、盐运留下的记忆　083

地理迷宫中的古镇　084
沧桑的乌江盐号　089
乌江盐运的象征　094
川黔文化交融的见证　098
凝结在乌江岸上的儒家文化　101
船帮心灵的圣殿　105
依山傍水土司庄园　108
气势辉煌的贵州宣慰府　111

乌江——远山的歌谣

五、心灵手巧绘乾坤 115
鲜明艳丽的织锦 116
挑花刺绣描得山花怒放 119
草木染得色彩斑斓 121
精彩纷呈的银饰 125
色泽艳丽的大方漆器 127
巧夺天工的雕刻 128
丰富多彩的编织工艺 130
大山深处的蔡伦部落 132

六、乌江民族文化符号 135
民族历史的投影 136
穿在身上的文化 138
戴在头上的信仰 139
系在脖子上的祝福 143
穿在脚上的爱情 143

目 录

七、生命的赞礼　147
　　唱着山歌谈恋爱　148
　　刀梯上的生命　150
　　唱歌跳舞颂亡灵　152
　　令人心跳的巫技　153
　　耐人寻味的甩神节　159
　　大刀屠牛祭风神　161

八、野味十足的文化艺术　163
　　古朴原始的乌江戏剧　164
　　戏剧活化石傩堂戏　165
　　厮杀搏击的地戏　165
　　独特的地方剧种——阳戏　167
　　乡土浓郁的花灯戏　167
　　滑稽的木偶戏　168
　　生命碰撞的江歌　169
　　土家交响乐——打溜子　172
　　唱歌耕种打锣鼓　173
　　长号悠悠土家情　174
　　江河似的激情宣泄　176
　　惊心动魄的炸龙飞舞　183
　　怪异的土家板凳龙　184
　　龙舟与江潮一起狂欢　185

015

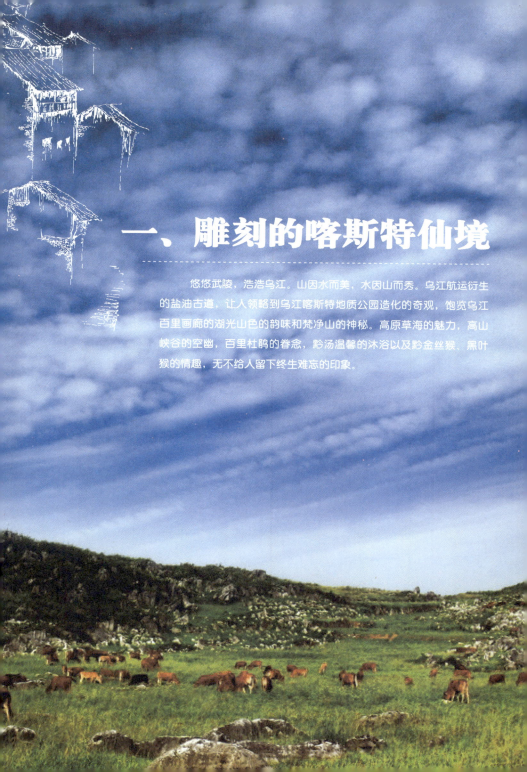

一、雕刻的喀斯特仙境

悠悠武陵，浩浩乌江。山因水而美，水因山而秀。乌江航运衍生的盐油古道，让人领略到乌江喀斯特地质公园造化的奇观，饱览乌江百里画廊的湖光山色的韵味和梵净山的神秘。高原草海的魅力，高山峡谷的空幽，百里杜鹃的眷恋，黔汤温馨的沐浴以及黔金丝猴、黑叶猴的情趣，无不给人留下终生难忘的印象。

乌江——远山的歌谣

悠悠武陵,浩浩乌江。山因水而美,水因山而秀。乌江航运衍生的盐油古道,让人领略到乌江喀斯特地质公园造化的奇观,饱览乌江百里画廊湖光山色的韵味和梵净山的神秘。高原草海的魅力,高山峡谷的空幽,百里杜鹃的眷念,黔汤温馨的沐浴以及黔金丝猴、黑叶猴的情趣,无不给人留下终生难忘的印象。

梦幻般的百里乌江画廊

乌江两岸奇峰、险滩、峡谷、丛林、洞穴、悬崖比比皆是,集雄、奇、峻、险、秀于一体,鬼斧神工,形神俱佳,尤其是夹石峡、黎芝峡、银童峡、土坨峡、王坨峡等峡谷形成的百里山水自然景观,犹如浓墨重彩的画卷徐徐展开,会让人突然产生"船在江上行,人在画中游"之意境,这就是被广泛赞誉的"乌江山峡百里画廊"。

乌江山峡百里画廊

乌江山峡美如画，养在深闺人未识。著名作家蒋子龙游览乌江时说："乌江的原生态是保存最好最完美的"，发出"山自然水自然人亦自然"之感叹。著名作家徐迟看过乌江山峡之后坦言："似乎大三峡、小三峡、阳朔山水，都不如乌江峡谷原生态更近乎自然"。乌江山峡不仅是梦幻般的百里画廊，而且是一部展示地壳运动历史的书页，清晰的褶皱带让人感觉到坚硬的岩石在自然面前不过是随意揉捏的面团，人类此刻显得多么的苍白无力，从而顿悟生命的意义、情感的价值。

一、雕刻的喀斯特仙境

乌江山峡

乌江——远山的歌谣

山水依恋的绝唱

山因水而灵，水因山而秀，山水相依才显得出"天地之灵秀"。乌江随着梯级电站的建成，形成了彭水、思林、构皮滩等许多湖泊、岛屿，高峡出平湖，所以乌江湖泊的岛屿，总是和绿水相伴；乌江湖泊的水，总是和青山相依。

乌江湖泊的美，灵秀在"峡"，它由山与水构成了一幅世间绝奇的"真图画"。蜿蜒悠长的大峡谷，是自然界的大手笔。刚与柔，动与静，在这里组合成一幅幅岛屿、飞瀑、奇峰、灵崖、秀水的风景画。乌江峡谷的神韵，隐含在奇与秀、险与媚之间。驾起一叶扁舟，悠然划进高峡平湖，船头拨开水面，但闻双桨击水的声音，霎时进入了"烟消日出不见人，欸乃一声山水缘"的境界。北湖烟波浩渺，群山在茫茫雾海中隐现，犹如海市蜃楼。南湖水涌山叠，岛屿清秀，

乌江梯级电站水库，高峡出平湖风光

山外青山，湖外有湖，"桃花源"里是土家山寨。这里是鸟的天地、鱼的乐园，清晨有鸟儿纷飞，黄昏有鱼儿跃出水面。

雕刻的石林盆景

明初刘伯温曾经预言："五百年后看，云贵赛江南。"云贵以什么来取胜江南呢？刘伯温又说："江南千条水，云贵万重山"。乌江风光的集中表现就是那莽莽大山了。

踏上乌江流域给人的第一印象，就是巍峨的群山，莽莽苍苍。明朝正德年间，王阳明贬谪贵州，当他一步一步走进乌江这山的世界时，使他心灵为之震动的，首先是那些气势磅礴的大山。他在《重修月潭寺公馆记》中写道："天下之山，萃于云贵；连亘万里，际天无极。"在这个文化巨人的笔下，仿佛天下的山峦，都在乌江会聚，千山万壑，犹如沧海。

石林是乌江喀斯特王国桂冠上的明珠。在千里乌江沿岸的崇山峻岭间，有许多自然雕刻的石林，形成了梦幻般的景象，像岁月精心雕琢的大型盆景，加上多姿多彩的民俗风情和神话传说，宛如鬼斧神工般的天然园林，我们不妨走进这天人合一的世外桃源，探秘那石林深处的仙踪神影。

贵州离天空最近的地方——韭菜坪，指的是被称为"贵州屋脊"的省最高峰，海拔2900.6米的赫章县小韭菜坪，万亩草场，浩荡接天，它因盛产韭菜而得名。在如此高海拔的地方，与韭菜这种植物一起茂盛生长的还有高原的石林。乌江源头的水流不远，并在山脚下哗哗流响，峰顶矢簇般直戳天空的石笋错落有致地排开，当地人称之为洛布石林，彝语即"落布惹"，大意是滑竹与石头构成的森林。

思南石林属于典型的溶洼边坡型石林，是地球同纬度地区发育类型最齐全、保存最完整、出露面积最大的连片喀斯特石林，其景观类型众多，不仅有针状、剑状、塔状、柱状，还有城堡状，包含了石林从幼年到老年的各种地质形态，演示着乌江流域4亿年的沧

乌江——远山的歌谣

思南石林

桑变迁。走进石林，处处皆景。高高耸立的五大莲台与众不同，非塔非柱，而是外实中空，状如五朵盛开的硕大莲花并排而立，其中最大的一朵"莲花"内，可以容数人休憩。传说曾有人看见祥云缭绕之中，观世音菩萨就坐在莲台之上；"四大金刚"，则是四座石塔，金刚之身巍峨挺拔；"三仙迎客"，像是三位翘首迎客的仙翁遗世独立，不知来自何方，又等待了多少岁月。地质科学家们认为，思南石林的发现，填补了乌江50多年来对喀斯特研究的空白。

思南石林是一片充满生机与活力的生态石林。在这里，溶蚀原野和洼地、森林、田畴、民居共成一体，森林与石林和谐相处，相映成趣，林中有石，石中有林，松竹满山，春来绿意盎然，桃花烂漫，景色秀丽，秋后庄稼成熟，枫林尽染，如霞似锦。而灌木藤蔓密布其间，金银花、八月瓜等山花野果清香扑鼻。于是鸟儿筑巢，蜜蜂扎寨，嘤嘤其鸣，远处鸟语及男女山歌相互和应，不亦乐乎。田畴沃野之上，竹篱木舍，吊脚楼阁，鸡鸣犬吠，几十户土家人家点缀其间。其情如诗，其境胜画，浑然天成，浓淡相宜。石林与这里的生灵——人、飞禽走兽、森林植被，共生共荣，和谐相处，犹如世外桃源、人间仙境。

扑朔迷离的洞穴世界

地上的喀斯特杰作引人入胜，地下的喀斯特世界更奇妙，有溶洞、阴河、伏流、暗湖，以及千姿百态的钙质沉积形态，如石钟乳、石笋、石柱、石花、石幔、石瀑布、莲花盆、卷曲石等等。除了冰川喀斯特和沙漠喀斯特之外的一切喀斯特现象，在乌江都有出现。因为乌江的喀斯特分布面积广，发育最充分，所以，人们将它称为"喀斯特王国"。

乌江喀斯特地貌多洞穴。洞穴是一个别有洞天的空间，空间正在把自己关闭，渐渐石化。在洞穴中，石化了的空间是一个绝对的空间，天长地久，秘而不宣。直到有一天被人偶然发现并闯入，他们短暂的探索和逗留，由勇气陪伴，并模拟了祖先的穴居，或开发出来，让更多的人去观赏。这样的洞穴在千里乌江沿岸不知道有多少，还未被人们发现，或者发现了还没对外开放的，又不知道有多少。乌江上游的织金洞就是这些洞穴的其中之一。织金洞是国家重点风

织金洞

乌江——远山的歌谣

景名胜区,国家地质公园,中国旅游胜地四十佳之一,1994年唯一代表亚洲加入国际洞穴旅游协会,与黄果树、龙宫、红枫湖三个国家级景区形成贵州西部旅游黄金环线。织金洞风景名胜区总面积307平方公里,长12.1公里,洞腔最宽跨度175米,相对高差150米,一般高度均在60~100米之间,洞内总面积70万平方米。织金洞是大自然赋予人类的杰作精品。以"大、奇、全"为特点,洞内岩溶堆积物达40多种,囊括了世界溶洞的各种形态类别。

　　游船穿过古城思南后,到达乌江桶井渡口,这里是彭家洞所在地,洞口在40米高的悬崖半腰。1991年由省文物考古所在洞里发掘了一具明代干尸,从满布血迹的服饰上,可以断定是一个明朝的三品文官的尸体,干尸在思南县文管所展览了4天后,送省博物馆收藏。而这具干尸究竟是谁呢?史学家们不约而同地将焦点对准了思南最后一任宣慰使田宗鼎和思南人前往成都任职的将军彭吉,至今仍无定论。

乌江沿岸的钟乳石溶洞

芙蓉洞

从龚滩古镇到乌江对岸的沿河县境内的悬崖峭壁上，有一菱形溶洞，洞口有两座古式木质建筑的楼阁，一半在洞外，一半在洞内。洞内有一尊菩萨，供着"蛮王"巴子酋。这便是蛮王洞。相传，秦惠王灭巴，巴子有弟兄五人，流入五溪，其中一支，即率部百余人，由涪陵溯江而上，深入酉溪，因在征途中屡遭当地人的狙击，又被围困于洞中，无力进展，据洞固守数年。后来，他们改变了用武夺地的策略，主动与土著人搞好团结，互通往来，助其农耕，亲如兄弟，并在土著人的配合支持下，巴蛮王做了酉溪之长。

地下宫殿芙蓉洞就坐落在芙蓉东畔，距乌江仅4公里。主洞长2700米，总面积3.7万平方米，洞内钟乳石其数量之多、形态之美、质地之洁、分布之广，为国内罕见，几乎包括世界各类洞穴近30余种沉积特征。其中"辉煌大厅"面积1.1万平方米，蔚为壮观。有宽15米，高21米的石瀑和石幕，光洁如玉的棕榈状石笋，粲然如繁星的卷曲石和石花等，以珊瑚瑶池、巨幕飞瀑、生命之源、犬牙晶花池、

乌江——远山的歌谣

石花之王五绝著称于世,1993年5月,中外溶洞专家两次实地勘测,惊叹道:"世界奇观,一级洞穴景点","一座地下艺术宫殿和洞穴科学博物馆"。芙蓉洞现为国家"AAAA"级旅游区、国家地质公园。

与神列座的灵山——梵净山

　　远离尘世的梵净山,因其美妙奇特的原始山水,诡谲怪异的地域文化,一时间再一次令世人魂牵梦萦。翻开一幅中国地图,就会发现,在东经107°45′～109°31′,北纬27°7′～29°45′的范围内,有一片10～14亿年前经历了火山熔岩的惊涛骇浪,峭拔出世的古陆地。这片古陆地鹤立苍穹的时候,放眼黄河以南的天宇下,依旧是天边无际的茫茫大海。东边的神农架山脉、西边的喜马拉雅山脉,还都在大海

梵净山

梵净霞光

梵净山老金顶

凤凰山远眺

的子宫里蠢蠢欲动,是在她亲切的呼唤和热烈的鼓动下,方才先后跃出海面,现身滚滚红尘。因此,这片古陆的最高峰,身高万仞绵亘七百余里的弥勒道场梵净山,就被后来的明朝万历皇帝朱翊钧赐封为"天下众名岳之宗"。

  梵净山是天造地球后为后来的亿万生灵创造出来的一个奇迹。造物主似乎早有预见,以后出现的亿万生灵必将遭遇层出不穷的灭顶之灾,祂便以慈悲心怀,为濒临绝境的生灵们留下了这一叶驶出死亡之海的"诺亚方舟",或者称为"避难所"以及"栖息地"。自然,梵净山没有辜负造物主的希望,它凭着自己得天独厚的气候条件,傲视苍穹的峻岭深壑,庇佑了世界上因为天灾频仍而走投无路的千万生灵。梵净山在唐朝之前叫"三山谷"、"辰山"、"思邛山",明代以后称"梵净山","梵净"乃佛教境界之意。梵净山的闻名开发均起源于佛教,遍及梵净山景区的四大皇庵,四十八脚阁庞大寺庙群,奠定了梵净山著名"古佛道场"的佛教地位,后被誉为中国五大佛教名山之弥勒佛道场,佛教文化为苍苍茫茫的梵净山披上了一层肃穆而神奇的色彩。梵净山最高峰凤凰山海拔2572米,梵净山不仅是贵州第一山,还是中国中西部武陵山脉的主峰,素有"生态王国"之美誉。整个梵净山山体庞大,东西宽约21公里,南北长约27公里,总面积567平方公里,梵净山景区是国家级自然

保护区，也是中国加入联合国"人与生物圈"世界性自然保护区之一，还是乌江与沅江水系的分水岭，山上有九十九条溪，大部分注入滔滔乌江。

远眺梵净山，它好似一支玉笋插天，在天宇下孤绝无匹；近观梵净山，它则是三峰比肩。居中一峰名叫红云金顶，因常有红雾罩顶而得名。红云金顶左翼为月镜山，红云金顶右翼为凤凰岭，放眼望去，皆群山耸翠，层峦叠嶂。

三峰之中，红云金顶乃天下一绝。它拔地而起，高数百丈，如孪生一样劈分双峰。登攀者循石级而上，如蹈空而行。绝险处皆附铁索，始有依凭。连攀三台，方达金刀峡处。峡壁上有定心一池，水容一勺，仅供登山者依次一饮，旋饮旋生，莫测所出。双顶上，左右有天桥飞架，顶建两殿，左敬释迦牟尼佛，右谒弥勒佛。二殿孤峙绝顶，风声凛冽，皆冶铁以作瓦。殿后各有天生石屏倚障，名说法台。双殿前后，幽谷深壑，身立万仞，空阔无际。太子岩、藏经岩，层层山峰涌碧耸翠，献果山、凤凰山，道道霞瑞飞彩流丹；拜佛台岩顶平旷仰对金顶，万卷书层叠有序一壁齐天……四时鲜花不谢，艳丽如仙山蓬莱三岛；八节景致常新，璀璨似天宫阆苑瑶池。此刻身立万仞之上，眼底缥缈无际，倍感地老天荒。

置身金顶，放眼望去，梵净山奇峰竞秀、峰峰称奇、各有特色、各具神韵。中国四大名著《西游记》中传说唐僧师徒西天取经路过此地时由于山高，马脚被绊了一下，即从马背上掉下了几叠经书，形成了梵净山上的峰群，也就是现在映入大家眼帘的"万卷书"。其实万卷书是一座巨大的山崖，由层层叠叠的页岩堆积而成，形如万卷书籍。在万卷书中，著名的"蘑菇石"高耸云端。它高约10米，上大下小，既像是两方巨石重叠，又像是一方巨石连体生长，形似一本本经书堆叠而成的，据说这一天工就是当年大闹天宫的齐天大圣孙悟空亲手所造，不管风吹雷打，日晒雨淋，历经亿万年依然屹立于山顶，丝毫不变。现在，它是画家、摄影家描摹、拍摄的对象，并走进人民大会堂。如今的蘑菇石已经成为众望所归的梵净山形象大使！

天坑地缝，一个地理的负数

在乌江所处的武陵山区，到处可见喀斯特地貌形成的天坑、地缝以及乌江干流及支流形成的大大小小的高山峡谷。

天坑地缝，一个地理的负数。这样，就形成了两个武陵山，地面之上和地面之下的。地面之上是连绵的群山，茂密的森林，顺流不息的江河，点缀其间的城镇和村落。地面之下则是天坑和地缝。地质学上说，这是岩溶地貌塌陷后，经雨水常年冲蚀、切割造成的。因此天坑也叫岩溶漏斗或喀斯特漏斗。

森林，是可以长在"漏斗"里的。漏斗，就是天坑，是一种喀斯特地貌类型，低于地面，四周封闭如斗形或碟状，常有落水洞通往地下消水。在这样低洼、阴湿的环境里，同样布满森林。许多树木挤在一起，层层密密，枝叶交错，争着要吸取空气和阳光。喀斯特原始森林、水上森林和漏斗森林，合称"乌江三绝"。它们虽然生长在不同的空间，有的在山上，有的在水中，有的在"天坑"里，但都存活在贫瘠、脆弱的喀斯特环境中，都是石头上长出的森林。这是一份珍贵的自然遗产，也是人与自然和谐相处的奇迹。其实，

一、雕刻的喀斯特仙境

天生三桥

森林也是有灵性的。原来森林是可以像人一样旅行、搬家的。在武隆众多的天坑里，有几种很多人从未见过的树木：火棘、花红、青冈、鹅秋掌、银雀树……低处的森林，并不比高处的长得逊色。

神奇变幻的乌江天象

乌江神奇的不仅仅是地生佛境，更神奇的还在于天造佛像，那就是：佛光、幻影、瀑布云、禅雾，人称四大天象。

佛光：在旭日东升或夕阳西下时分，与太阳相对的云雾上，无论是在乌江的梵净山，还是在乌江上游的佛顶山都可以看到七色光彩组合成的巨大光环，里面佛影端坐，庄严肃穆，特别是在闪电的时候，人们会发现巨大的身影呈现在天空中，那就是佛光。人们无论在梵净山或红云金顶，还是在九皇洞或蘑菇岩，都可以看到七色

梵净山冬韵

光彩的佛光。月夜，人们可以在老金顶的崖石上看见清晰的影像——这就是史书上记载的"月镜山"现象。

梵净山是中国所有名山中佛光出现频率最高的地方，来到梵净山朝圣或观光的游客，只要在山顶弥勒道场里多静息一些时间，都可以亲沐到佛光普照。

幻影：乌江梵净山幻影，是梵净山独有的佛境奇象。只要是金顶弥勒道场的范围，不管季节，无论早晚，常常会在天空中浮现出一些形态各异的巨大幻影，在云层中飘忽而来又飘忽而去。你不明白这些幻影来自何处，又是去向何方。据传说这些幻影都是那些来

梵净精魂

梵净山彩虹

　　梵净山赶赴法会的无量诸佛，与你在朝山的路上不期相遇。面对这样的情景，你自然是万分的震慑，也是万分的惊喜，因为这是百年难遇的佛缘。出现幻影的时刻，一般来说，是佛光产生之前或之后的几分钟甚至几十秒内，以及闪电照彻的瞬间，或者月光朦胧的夜晚，天上的幻影就会倏忽而至，与你照上一面或者陪伴你走上一程。

　　瀑布云：这种自然天象，在乌江的梵净山、韭菜坪、仙女山、佛顶山、麻阳河等地都可以看到。只是梵净山的瀑布云，更有特色、更神秘。风是梵净山一绝。俗话说风起云涌，在梵净山表现出来的就不仅仅是"大风起兮云飞扬"那种境况。也许刚才还是万里晴空，风起处便立时翻涌成了梵净云海。只见那云波汹涌，浩渺无际，就像梵净山回到了14亿年前的海洋时代。随着风向，云流突然间又从高天跌下深谷，洪波澎湃，山岛竦峙，势卷八荒，气吞万里，刹那间所有的生灵都在无边的波涛中销声匿迹……对于这种壮观奇景,当代游客将其称为"瀑布云"现象,佛传中则名之曰"苦海再现",是佛祖有意向人们魔幻出没有生灵的混沌时期,开启一扇生命之门以觉悟天下芸芸众生。

禅雾:乌江地处云贵高原,河谷多雾,世称禅雾,为天下仅有。雾起处无论季节,不管晦明,来无定向,去无定时,一切无意无心,一切自在自然。说声浩渺,天空失色,大地敛声;说声婉约,片纱絮云,婀娜若幻;说声色秀,赤橙黄绿,七彩皆空;说声多姿,千奇百怪,尽在一瞬。据传,梵净禅雾曾令许多高僧大德拍案称绝。明神宗内弟李颖就是因为梵净山之雾而顿开慧命的典型之一,于是取法名妙玄,有道是:妙因玄妙,玄因妙玄,玄妙一微,即是梵天。

一、雕刻的喀斯特仙境

禅雾

乌江——远山的歌谣

当你一步步靠近斯山斯水、斯境斯象的时候,整座大山会在你不经意的一瞬间,展示出她那令世人叹为观止的实相真身,原来你眼中的所有佛境佛像,竟然组合成了一个亘古未有的万米睡佛,亿万年向天仰卧在弥勒菩萨的理想佛国里。

超凡入圣的心灵憩所——森林与草场

乌江沿岸诸多著名的高原森林草原,如夜郎国家森林公园、梵净山、麻阳河国家自然保护区、仙女山、佛顶山、万圣山、四野屯森林公园,还有二合坡、泉口、韭菜坪万亩草场等,在乌江民众的

草原美景

心目中，森林草场不仅是动物的乐园、植物的王国，也是超凡入圣的心灵憩所。

当我们走进 4733 公顷的夜郎国家森林公园时，见到繁茂森林、幽深峡谷、深潭瀑布、潋滟水光，会有一种超凡入圣的感觉。

这里天然常绿阔叶林和针、落叶林混交，形成波澜壮阔、季相鲜明的森林景致，春天杜鹃山茶盛开，夏天万木葱茏，秋天层林尽染，冬天玉树琼枝，一年四季，景致万千，风光无限。

森林里景色多姿，特色迷人：修杉高出云天，落叶厚如毡毯，草甸积翠流绿，竹楼风情万种……园中清流潺潺，蜿蜒奔腾，急湍下泻，形成一绺绺瀑布，高悬于峭崖之上。这些在山谷间珠飞玉溅的水，顿时雾霞腾腾，云蒸霞蔚！

对于观山赏水者而言，游夜郎国家森林公园，就像品读唐宋大家的山水小品文，让人生出一种浅浅的陶醉，因为夜郎国家森林公园不仅是植物的宝库，更是禅境梵天。

这种禅境梵天在梵净山就体现得淋漓尽致了。不管站在哪一个位置，凌空御风看去，那种无边无垠的生命绿色，会令人心灵万分震惊，好似佛陀给你的"当头棒喝"。

从鱼坳 1000 步台阶，海拔升至 1300 米。树林高大挺拔，主要品种有樟、楠、青冈栎、黔木周等，称为常绿阔叶林带；鱼坳至天门土地，海拔 1300～1800 米，为常绿阔叶与落叶阔叶的混交林带，主要生长着落叶树木水青冈间杂常绿阔叶树种；1800～2100 米，是梵净山回香坪佛子接引区，这里森林蓊郁，水青冈与槭、樱、花揪等组织了铺天盖地的落叶阔叶林带；超过 2100 米，就是云线，这一带生长着的全是苍劲古虬的铁杉、冷杉等高贵树种，树身上都裹着苔藓厚被，犹似护身铁甲。云线之上属亚高山针叶林带。再往上，就是梵净主峰，主要植被是高山杜鹃与箭竹，称为灌丛草甸带。

不同的气温条件孕育着 2000 多种不同的绿色植被，不同的植被又庇佑了 3000 多种鸟类、兽类和爬虫类等众多生灵。梵净山用自己

一、雕刻的喀斯特仙境

高深莫测的身躯，营造出了无数适宜各类生物生长的小环境，使众生能够各安其位，各显其能。比如佛山上共有鸟类 200 余种，另附 4 个亚种，不管繁杂如何，需求如何，浩荡佛心早就依据它们的生物特性，任它们在低谷、山腰或山顶自由栖息，形成天然的垂直分布。

在 2000 多种植物种类中，珙桐也是梵净镇山之宝。这种被世人誉为"绿色熊猫"的国家一级保护植物，在别处也许早已经匿迹潜踪，但在梵净山，却是成片成林。梵净南坡避风且地形舒缓，在浩瀚的林海里共有珙桐树林 11 个片区，计 1200 余亩。珙桐属于第三纪古热带植物区系的遗种，是世界上濒于灭绝的单型属植物，因此被世人誉为"活化石"。每当春暖花开，梵净山便成了杜鹃花与珙桐花的海洋。珙桐开花，冰清玉洁，造型奇特。花冠活像白鸽的头，花瓣酷似白鸽的羽翅。远远遥看，漫山遍野都是白鸽欲飞，所以人们又形象地称它为中国鸽子花树。

说起珙桐的"中国鸽子花树"名字的来历，可以追溯到 100 多年前。那是 1869 年，一个叫戴维的法国神父，在四川边远的穆坪地方，偶然发现了这种他从未见到过的美丽花树，后来他便将这种奇特的树种带回法国栽种成功，法国人非常珍爱这种花树，将它取名"中国鸽子花树"。此后百年，许多欧美植物学家慕名来中国梵净山、峨眉山、神农架考察这个树种，称珙桐为传播和平的信使。1954 年，周恩来总理出席日内瓦会议，并在日内瓦公园见到了这种来自国内的联系中国与世界友谊的花树，十分高兴。回国后，他指示林业工作者对该树种高度重视，大力发展。现在梵净山已经成为国内重要的珙桐种源基地。

梵净山下的永义乡所在地名昔土坝，有园名紫薇园。园内长有紫薇一棵，伟岸挺拔之状、神奇怪异之象，堪称"中华一绝"。这棵树高 30 余米，树干胸径 2.8 米，枝叶荫蔽一亩有余。它每年蜕皮一次，花开三朝，十分艳丽。但是它却只开花，不繁衍。因此，全国仅此一株，别无双木——乃梵净大佛福佑下的绝版。当地人视之为"大树神"，如遇三病两痛，只要往树上挂一匹红布，烧一点香纸，捡一点树皮或树叶煎水喝下就好了,当地土家人视之为"寄爷树",这棵贵州紫薇属古代孑遗树种,十分珍贵,被科学界誉为"活化石"。

乌江下游的麻阳河国家级自然保护区,顿觉得满目葱绿,四十八堡撞入眼帘,在锯齿山林场边沿鸟瞰四十八堡,一览无遗。四十八个自然形成的大小形状,高矮一致的山丘丰乳般地耸立,无不叫人痴迷,行走其间,如入迷宫。

去武隆,主要是要欣赏它的仙女山草原,但若碰到一夜春雨,早晨起来浓雾会把一片草原遮得严严实实的。草原躲在大雾深处,跟人们玩起了捉迷藏。就连那含苞待放的山花,如漆如墨,影影绰绰。只有草原边那些树丛间的虫鸣、鸟鸣,分外悦耳动听。

诗情画意般的田野

人们一提到梯田,就自然而然地想到云南哀牢山哈尼族的梯田,然而人们只要到乌江山区走一遭,就会看见一湾一沟,或一坡一岭的梯田,那一排排田坎砌得整整齐齐的,数米之高,没有水泥砂浆粘接,却历经千百年不崩垮,依然坚固如铁,那些大块的石头,要么就地取材,要么从远处运来,上面都有錾子的痕迹,那是古代乌江人开田时,用錾子破石造田的记载。而这些田坎驮起的一丘丘梯田,给人的却是素朴的乡村格调和诗情画意的田园风光,是世外桃源,它美在原始,美在天成。

时至今日,你到乌江流域的德江楠杆、高山、泉口,思南大河坝、桐子园、薅芝坝,沿河新景、毛坪、甘溪,印江梵净山麓,赫章江南,酉阳的八面山、钟岭、花田齐何等处一看,那些镜碎般的千丘梯田,自明代以来,就开始在千里乌江沿岸的崇山峻岭,形成了一轴充满生命活力的农耕画卷。它是乌江地区垦荒时代精妙绝伦的立体作品,是一道关于农业的生态奇观、人文景观和自然景观,也是一种地域农耕文化的展示和结晶。

大河坝梯田

黑颈鹤永远的行宫

乌江从源头流出不远,便进入贵州威宁的"海"。乌蒙山从云南蜿蜒入境,形成磅礴的气势,主峰皇帝坡海拔2897米,堪称"贵州屋脊"。高原上山峰突起,雄奇壮丽,江河奔流,高岸深谷,县境中部是开阔平缓的高原,四面为辽阔的缓丘地带,中间是一个舒展平坦的坝子,它是高原粮仓,又是高山牧场。就在威宁县城附近,有一个湖泊,这里的人却叫它为"草海"。草海被称为"高原明珠"是当之无愧的,它既是风景名胜区,同时又是国家级自然保护区。"草海"之得名,是因为它水草丰茂,水生植物极多,浮游生物不少。这里原先是一片草地，在清代道光年间，忽因山洪暴发，将落水洞堵塞，从此淹没成湖。春到草海似觉姗姗来迟，去年枯黄的水草渐渐转青，奋力吐出新芽。短暂的夏日，山花烂漫，一丛丛的杜鹃特别耀眼。七月的草海不冷不热，天气像是小娃娃的脸，说变就变，霎时一片乌云飘忽过来，顿时化作倾盆大雨。雨过天晴，像是沐浴之后，感到清新、凉爽、舒适。坐在船上，时而作"雨中游"，时而得"日光浴"。湖水清亮极了，能看到清水底每株水草的晃动。水莎草在湖底铺垫起一层绿茸茸的柔毡，海菜花绽开出白色的花朵，蒲草冲出水面望天，荇菜开着黄色的小花，打扮出一个透明的"水底花圃"、"湖中绿地"。小船在水草丛中穿行，不时传来渔歌，像是一幅淡淡的山水画。漫山遍野浮着一片红色的轻云，那是盛开的荞子花。纤细、嫩红的荞秆，迎风摆动，但又不被劲风折断，显示出高原上生命的骄傲。

一、雕刻的喀斯特仙境

黑颈鹤是鸟类的"大熊猫"。草海便是黑颈鹤永久的"别墅"，它们不远万里而来，是因为草海有大量的水生植物和水生动物。这里水质良好，透光性强，水底淤泥层厚，不但水草丰美，而且养育着多种浮游生物、底栖动物和鱼虾。这里的浮游生物就有100多种，底栖动物52种，蚊类17种，鱼类9种，两栖动物19种，这些都是黑颈鹤越冬所需的食物。所以，当"千里冰封，万里雪飘"，北国是白茫茫一片，而严冬的草海竟成了诱惑候鸟的家园。"高原骄子"黑颈鹤是一种极其珍贵的鸟种，亚洲幸存的只有500多只。这种鹤有一个特殊标记，无论雌雄都是一个颜色，但头顶上裸露出一个暗红的斑点，颈部有三分之一是黑色，而眼后又顶着一个灰白色的斑块，翅膀及其余部分的羽毛仍是白色。这种鸟住在青藏高原上，适应着高寒气候，可是，青藏高原冬季特别漫长，夏季短促。黑颈鹤只好每年10月下旬，成群结队，或排成"一"字，或排成"之"字，坚定不移地飞到草海过冬觅食，直到次年春回大地之后，才飞回故地。草海是黑颈鹤永久的行宫，它们永远迷恋着这颗美丽的高原明珠。

乌江上游草场

黑颈鹤在乌江源头的草海团聚

"我心飞扬",为乌江源头的草海

高原花海——百里杜鹃

1984年3月,科学工作者在乌江上游的黔西、大方两县交界的地方,发现这一资源丰富的天然杜鹃林,乌蒙山云海深处的这一奇观,使所有的目击者叹为观止。这一罕见的杜鹃花区,长100多华里,宽约11华里,总面积250平方千米。花区内有大杜鹃和小杜鹃两类,共16个品种,12种颜色。大杜鹃中的高大者,可达七、八米。小杜鹃则是低矮者,仅0.5米左右。一丛丛,一簇簇,一片片,高低错落,形成了一座无与伦比的天然杜鹃的大公园。在这百里杜鹃林下,还蕴藏着丰富的煤炭资源。这铺天盖地的杜鹃花,仿佛是地下煤层燃烧的熊熊火焰。

春末夏初,步入花区,光彩迷人。周围是花丛、花树、花的屏障。红、白、淡紫、鹅黄、金黄的杜鹃花,争奇斗妍。仅红色的杜鹃,就有紫红、大红、朱红、桃红、水红之分。当地民歌唱道:"三月杜鹃红似火"。原来,红色是杜鹃花骄傲的本色。那些玲珑可爱的花,鲜丽的,艳得灼人眼目,淡雅的,素得怡人情性。各种不同的花序、花蕊,更显出千娇百媚。高达2~8米的马缨杜鹃,犹如当地人在马头上佩

百里杜鹃

成片杜鹃花

一、雕刻的喀斯特仙境

戴的火红的璎珞;洁白无瑕的露珠杜鹃,仿佛精美的玉雕;粉彤彤的火红杜鹃,犹如桃花灼灼;繁花杜鹃,嫩黄清丽,花朵密集;罕见的珍贵品种如百合杜鹃、青莲杜鹃、紫玉盘杜鹃,虽不是漫山遍野,却也姊妹成群,亭亭玉立。那翠绿欲滴、厚笃笃的叶片,像拖过蜡一样,簇拥着那些轻似纱、柔似绢、厚如锦的花儿,更是相得益彰。放眼望去,山坡上覆盖着五彩的锦绣,幽谷底,汹涌起花的浪涛,连与天空相接的山巅,也飘起片片淡红的、淡紫的云。在这杜鹃花的王国里,那吹过的风、飘浮的雾、流过的水,似乎都染上了颜色,沁透了清新。这百里的杜鹃,一树树,一片片,花团锦簇,彼谢此开,从暮春直到仲夏,给乌蒙山围上一幅彩裙。

杜鹃花是乌江的江花,除了黔西、大方两县出产外,还有梵净山、仙女山、麻阳河、韭菜坪、佛顶山等处,都有成片的杜鹃花,每到春、夏之交,乌江沿岸繁花似锦,五彩缤纷。

乌江——远山的歌谣

洗涤心灵的黔汤

乌江流域地热资源丰富,温泉天然出露点多,主要有息烽氡泉、石阡古泉、思南温泉、沿河地热等。思南温泉主要有鹦鹉溪、罗湾坨、兴隆、天桥等处,日出水量 10000 吨以上,其中水量最大的要数鹦鹉溪温泉。温泉在乌江边的鹦鹉溪境内的一个山脚下的溪水旁,清澈透明,水质无染。当地群众自发累石为墙,温泉热气蒸腾,以矮墙为界,男女分用,天地为屋,清风搓背。如今,又于不远处人工掘井两口,日产水量 5000 多吨,水温分别为 58℃和 42℃,物理性优良,水质类型及温度达到国家医疗矿泉水标准。

石阡温泉

一、雕刻的喀斯特仙境

思南温泉

早在清光绪年间,当地居民便在热气蒸腾、喷珠吐玉的泉眼上挖坑为池,露天沐浴,这块地方也名为"热水"。1946年,贵州省主席杨森征发息烽、修文、开阳三县民工,修公路、盖洋房、砌浴池,把这大自然的赐予据为己有。1956年,贵州省总工会开始筹建温泉职工疗养院。自1959年元旦开院以来,有成千上万名疗养病员在以矿泉水为主的治疗下,解除了痛苦,焕发了青春,息烽"神泉"的名声越传越远。

乌江中游的石阡温泉在县城甫松明山麓、龙川河畔。有"温泉漱玉"的美称。它初具规模为明万历三十年(1602),但更早以前,人们便开始享受到它的恩赐。明代以后,历年有所增补修葺,数百年来游人浴者不绝。民国年间，曾修建上、中、下三塘；上为官塘，中为男塘，下为女塘。目前经过改建，有男女温泉大楼各一幢。神话传说和历史故事，编织了石阡温泉的诗意。相传很早以前，一堪舆方士由云南驱赶火龙至石阡，见山水清奇，物产丰饶，民风淳朴，流连不忍离去，便将火龙镇于江底。龙尾尚在云南，龙头埋于石阡。地下泉流经火龙加热，涌出地面如热汤滚滚，因而云、贵两省皆多温泉。方士临终，嘱将其葬于临河之小山，建筑石塔，永镇火龙，为石阡造福，所以石阡温泉长涌不衰。县城所在地也曾名"汤山"，而临温泉之河取名"龙川"或"龙底江"。又传唐代诗仙李白贬谪夜郎，不信温汤能涤愁肠，未曾驻足，径由泉畔之龙川古渡而去。后人为纪念他，便建立太白祠于温泉。自明清以来，吟咏石阡温泉的诗词颇多。清人任元敏写诗道："滚滚长流似沸汤，松明山下　方塘，何当决向西江去，一为人间涤愁肠，"清嘉庆年间石阡知府王蕴葵所题"洗心"长方碑，至今仍横于温泉洞口。石阡温泉属硫磺泉，常年恒温泉水涌出处则达四十七点五摄氏度，一昼夜涌水量达 1100 吨。

情趣的黔金丝猴与黑叶猴

梵净山的岩高坪是黔金丝猴的极乐世界。在森林的纵深处，有一块较为平坦的地方，旁边淌流着一股哗哗的清泉，溪里不时可以看到闪亮的水晶石、红红的朱砂、碧蓝的云母。溪水滋润着沿岸丰茂的杂草和亭亭玉立的七叶一枝花。风声、水声、鸟啼声，合奏出天籁的旋律。这里就是 800 多只黔金丝猴生活、嬉闹的乐园。

但对于游人来说，在梵净山的任何景点，都可能有幸与这样的灵物照面，按当地百姓的话说，当然要看你的佛缘。因为天气一旦转暖，猴群便分散成小家族从岩高坪出发，按逆时针方向，围绕着金顶、白云寺一线循环觅食和游玩。每天移动一两千米，有时也达到五六千米，经过龙家坪、天庆寺，绕道九龙池、猴子岩，最后又回到岩高坪，一年绕行三四圈，像一支永不知道疲倦的军队。活动的猴群有着严密的纪律和很高的警惕性。午休或觅食时，都设

梵净山金丝猴

一、雕刻的喀斯特仙境

有岗哨。在树上玩久了,也要下到水沟里摸鱼捉虾、洗澡嬉戏……

梵净山金丝猴被誉为"镇山之宝",不仅在于它物种的珍稀,还在于它是最能体现佛山佛性的灵物。经过一百年的时间,我们似乎走近了黔金丝猴的王国,但是它同时又给我们留下了无数的神秘。

乌江流域的麻阳河,是世界上最大的黑叶猴种群分布的国家自然保护区,位于沿河境内乌江西岸的洪渡河流域,与乌江黎志峡毗邻,总面积31113公顷。分布着国家一级保护动物黑叶猴和其他珍稀动植物,两河峡谷,险峻幽深。溶洞变幻多彩,空气清新,冬暖夏凉,气候宜人。黑叶猴嬉戏其间,让人顿生回归自然的理想境界。麻阳河主要有河谷景观、老鹰岩、月亮石、石牌、朱家洞、大河坝温泉、凉桥、土家山寨等20多个景点。

麻阳河是黑叶猴等珍稀动物的理想栖息之地,共有黑叶猴74群760多只,它们在密林中觅食,在山谷中嬉戏,在溶洞中栖息,在自己的王国中繁衍。黑叶猴体形纤瘦,四肢细长,头小尾巴长,体长50～60厘米,尾长80厘米左右。头顶有黑色直立的毛冠;两颊至耳基部有白毛;成体全身乌黑色,体毛长而密,有光泽,手、足具乌黑扁平指甲；尾尖端白色。刚出生的小黑叶猴，全身乳黄色，头部还是金黄色。

童话般的乌江奇石

一般来说，奇石具有天然、奇特、稀有、可采、艺术感等特性，乌江奇石均具备了这些特性。乌江奇石出自武陵山脉主峰梵净山、离天空最近的地方韭菜坪、仙女峰、麻阳河自然保护区及其大小山峰，经各条支河流入乌江。石块经江水亿万年冲刷、打磨，因形如蛋，人呼卵石。或沉积于乌江河床之下，或处激流之中，或依岸临水，或聚集沙洲。以石灰岩石为主，实质精密，硬度很大，多为灰青色。乌江奇石具备了赏石的"形、纹、色、质、意"等几大要素，同时还具备了"丑、逗、瘦"三大特征，没有放射线，石表细腻柔滑圆润，色彩鲜艳。经乌江水亿万年精雕细琢，乌江奇石已成形质俱佳的石中珍品，或百态千姿，象形状物；或色纹多变，舒卷有致；或刚柔相济，圆润细腻。每一方石都有其独特的韵味和个性，或如花草树木，或像飞禽走兽，或似云霞雨雪，或若篆楷行草，各具特色，是家庭摆设和装饰的天然佳品，具有较高的欣赏价值、收藏价值和经济价值。乌江奇石，是乌江山水的缩影，也是乌江山水品格的寓意。尤其以"乌江青"为上品，它通体乌黑发亮，光滑细润，

乌江奇石"一帆风顺"

乌江奇石 "千年乌龟"

一、雕刻的喀斯特仙境

幽青如釉,蕴含着棱角与锋芒,却依然秉承着刚性的质地,内敛而沉着,柔和而厚重,或痴朴如野佬,或圆通似佛陀。

二、沧桑漫长的盐油古道

苍凉的船歌伴着大江激荡的涛声还在乌江崇山峻岭间回荡，那镌刻在峡谷峭壁上悠长的纤道，如龙走蛇，若隐若现，把我们的目光引向了遮蔽的岁月。

历史造就了乌江的辉煌，那些樯橹林立、千帆竞发的图景，再次出现在我们眼前，一条云贵高原上的盐油古道，由远而近，穿越高山峡谷，踏着惊涛骇浪滚滚而来。

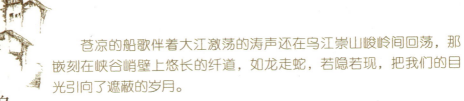

苍凉的船歌伴着大江激荡的涛声还在乌江崇山峻岭间回荡,那嵌刻在峡谷峭壁上悠长的纤道,如龙走蛇,若隐若现,把我们的目光引向了遮蔽的岁月。

历史造就了乌江的辉煌,那些樯桅林立、千帆竞发的图景,再次出现在我们眼前,一条云贵高原上的盐油古道,由远而近,穿越高山峡谷,踏着惊涛骇浪滚滚而来。

一切因巴盐而起

盐,即氯化钠,在乌江流域称之为巴盐,或盐巴。这种含有人脑发育所需要的14种微量元素的东西,怎么与"巴"扯上关系呢?

巴人也许是中国历史上最为古老的"行盐民族",在有关巴人起源的文献中,他们又被称为"咸鸟"和"后照"。"咸鸟"和"后照"或许十分完整地表达了早期巴人不同历史阶段的盐业生活。最初,巴人只是靠着熟练的水上生存能力和舟楫之利,为三峡地区的土著运送交易食粮。畅通的水网河流,使他们将食盐运送到许多地方,换取其他货物。他们一度成为峡江流域最为古老的水上商人。

"后照"被许多研究者认为是"后灶"的谐音,即煮制食盐的人。直到上个世纪初,乌江流域的炼盐者仍被称为"灶丁",由"咸鸟"到"后照",表明巴人已经因盐而兴。

从江汉平原沿长江干流西至今天的重庆,这条巨大的通道曾是巴人的生命血脉。他们在这里采集、炼卤、制盐、贩运,继而成为盐源的拥有者和保护者。这些人因为盐源泉之争而变得更加勇猛和暴戾,食盐使他们成为真正的职业军人。

今天,在乌江的干流和无数支流中,诸如乌江下游郁山镇,仍保留着丰富的盐源和为数不少的盐业生产基地,生产者运用现代技术开发着这些古老的资源。

彭水的郁山,自古以产盐著称。猎人追逐白鹿发现盐井的传说,几乎家喻户晓,甚至被有的家谱记载。传说很古以前,做猎人的汪二、汪三兄弟俩背着弓箭，带着猎狗在郁山打猎，发现一只白鹿在前面跑，俩兄弟喜爱之极，不忍搭箭射杀，只是带着猎狗紧追不舍。白鹿身形矫健，两腿弹跳有力，在河边岩石间跑动起来仿佛优美的舞蹈，兄弟俩边追边看，不禁心花怒放。来到山洞前，见白鹿银光一闪，很快消失不见了，兄弟俩走近山洞，只见雪白的泉水涌出，不见白鹿的踪影，心里怅然不已，方觉口渴，遂用手捧起泉水喝，味咸微苦，知道是盐泉。兄弟俩突然高兴得手舞足蹈。这便是郁山第一口盐井，名叫"捣鹿井"，后来谐音为"老郁井"。

巴人就这样便捷地获得他们的盐泉，这些令他们世代崇敬的神秘之物，通常流淌在山泉与河水中，他们认为这是祖先和神灵的恩赐。在乌江流域，现存的古盐源仍与神秘的白色动物和民间神话传说连在一起，如白虎、白鹿、白兔等。

《山海经》是中国上古时期的一部奇书。现在，人们普遍认为它是一部充满神秘色彩的地理著作。书中的内容多与古代的巴、蜀、楚先民和他们的生活环境有关，相传为古代巫师世代传承而成。书中多次描述到一个叫"巫咸国"和"巫载载国"的地方。

从巫山境内长江与大宁河交汇处出发，沿大宁河而上，一些更为古老的答案就在河的上游，传说中的"巫咸国"就在那里，那里如今叫"宁厂"，一个落寂的古镇。沿河而上，那些石壁上的疑问再次呈现，它们是些方形的洞孔，沿绝壁延绵不绝，据说它们与古代运盐的巴人有关，他们曾在绝壁上修建栈道。

四川大学教授任乃强却认为"巫咸国"和"巫载国"应在乌江流域的郁山镇。不管是巫山的宁厂古镇，还是乌江的郁山古镇，镇中的盐泉仍流淌不息，沉静的古镇中只剩下一些老人和小孩，唯一能听到的就是大宁河、郁江与盐泉那已经流淌了千百年的声音，一切都仿佛浸泡在一个不曾醒来的梦境中。在盐泉被发现后的几千年来，盐业一直是这两个地方的经济产业，小小的古镇，曾承载过空前绝后的繁荣与喧嚣。极盛时，这两个地方多达数百个盐灶，号称"万灶盐烟"，从事盐业生产和运输的人超过了十余万众。川东、黔东北、鄂西、陕

二、沧桑漫长的盐油古道

重庆彭水巴人飞盐井

南皆依赖于巴盐。巴盐通过乌江、大宁河进入长江,被运达更远的地方。

《山海经》这样描写"巫咸国"中的人们:他们无须耕种,无须纺织,却有着丰富的食物和华美的衣裙,女人们的生活内容就是歌唱和舞蹈,孩子们在河中嬉戏,看来来去去的船只,这里有纵横的河谷,连天的森林、草场。也许他们本身就无地可耕,无衣可织,但他们却拥有永远也流淌不尽的盐泉。这些不事农耕的男人,却有着精湛的煮盐技艺,他们整日守候着不知传了多少代的技艺,终其一身。

这时的廪君巴人不仅拥有了"盐水女神"的盐水,而且拥有了大宁河的宝山盐源,乌江的郁山盐泉,巴国成为三峡一带的盐霸。巴国以盐业作为经济支柱,通过与邻近部落以盐易物的交换,经济力量和军事力量已十分强大。同时,巴国顺着运盐路线,对外进行扩张,很快发展成为一个奴隶制部落大国,其国土东至今奉节、西至今宜宾、北接汉中、南及今渝东南、黔东北,其疆域之辽阔在当时可谓泱泱大国。在中国上古史上谱写了不可磨灭的辉煌篇章。之后,在以周代商的朝代更迭中,巴国从乌江、彭水一带派兵北上参加了周武王伐纣的"牧野之战",巴人以奇特的作战方式与悍勇的战场作风而载入史册,为维护祖国的统一立下了赫赫战功。

巴国的强大同时招来了邻近楚、秦两国的嫉妒与垂涎,其丰饶的土地和巴盐资源始终是两国觊觎和争夺的目标。"宁厂"、"郁山""乌有之国"的富足平静的生活终于被打破,一支来自东面平原上的军队带来了金属的撞击声。陶器的破碎声打破宁静,水气蒸腾的盐坑中,一名熬盐的男子抬起头,他听到由远而近的撞击声,看,倒地的木桶,倾泼的盐水,一只巨大的木勺掉在沸腾的盐锅中。许多盐罐破碎了,残片满地,血液与食盐正相互浸透着。短暂的搏斗和杀戮后,一些人死去了,占领者的喊杀声继续向西弥漫,幸存下来的人们继续着他们的生活与劳作,盐泉一如既往地流淌着,喊杀声一路西去。

巴国消失数百年后,隔着遥远的时间和空间,在地球的另一端,古罗马人用他们的方式,表达了对盐同样的理念和膜拜。公元前一世纪,他们的军团已到了世界的许多地方,除了短剑和投枪,每个罗马士兵还随身携带着一个特制的袋子,袋子里装着他们的军饷——食盐。

二、沧桑漫长的盐油古道

食盐使他们有足够的体力摆脱死亡的阴影。在今天英语单词的词根里，盐与薪水仍难以分割。

当然，公元前221年，随着秦始皇统一中国，发生在渝东地区因盐而起的百年拉锯战已基本结束。由于盐事关国计民生，盐的生产、运销历来由政府严加统制。又随着乌江流域人口增多，需盐增大，仅靠郁山等盐井熬盐供给已经无济于事，因贵州不产盐，于是，只好把船伸向更远的水域，向着有取之不竭的四川自贡方向前进。因此，就有了川盐入黔的乌江盐油古道了。

丹砂是打通早期中原的金钥匙

盐和丹，应是乌江最早的特产，也是打通乌江与中原的文化工具。乌江，古名叫丹涪水，这就说明乌江与丹砂有关，丹砂是打通早期中原的金钥匙。乌江产丹的历史最早见于周初，《逸周书》载："成周之会……卜人以丹砂。"王应麟注："卜即濮也"。濮人在古代散居西南各地，被称为"西濮"。何光岳《南蛮源流史》认为，濮与涪音近，"涪江，涪陵，当因濮人所居得名。"

乌江流域的下游涪陵出产的丹砂是从乌江入长江外运销售的。所以，《华阳国志》称乌江为"丹涪水"。唐代大诗人杜甫的《覆舟二首》中，也记述了巫峡覆舟事，中有"丹砂同陨石"句，可见，直到唐代，仍有丹砂经此水路外运。其实，早在秦朝，乌江流域也有人采丹炼汞发了财的。《史记·货值到传》说："巴寡妇清，其先得丹穴，而擅其利数世，家亦不訾。清，寡妇也，能守其业，用财自卫，不见侵犯，秦始皇帝以为贞妇而客之，为筑女怀请台。"

西汉在今郁山镇建涪陵县时，辖今乌江流域的重庆彭水、黔江、酉阳、秀山、石柱南部、武陵东部及贵州的道真，正安、沿河、务川、印江、思南、德江等地，而务川、黔江、彭水是丹砂的出产地。务川县东部的木悠峰、金钱山、金鸡山、大坝山、锯子山等东北向的矿山山脉走向范围内，行政区域上包括大坪镇三坑村、丹砂村、大坪村、红丝乡太坝村、毛坝村、石朝乡金竹村、大漆村以及丰乐镇官坝等地。

这些地方丹砂的开采始于商周时期,在大坪汉墓群中出土的丹砂,也说明汉代的丹砂开采达到了鼎盛时期。隋唐时务川仍以丹砂为主要进贡品,《务川县志》载:"隋大业十年(公元614年),黔中太守田宗显于务川岩峰脚等处开采水银、朱砂,向朝廷纳课水银190.5斤。"延至明代,务川朱砂开采史书方志记载颇多。明嘉靖《思南府志》记有:"采砂为业"下注"务川有板场、木悠、岩前等坑,砂产其中。坑深约十五六里,居人以皮为帽,悬灯于额,入而采之,经宿乃出。所得如芙蓉箭镞者为上,生百石上者为砂乐,碎小者为老糊涂砂。砂烧水银,可为银砂,居人指为生计。岁额水银一百六十斤入贡。而民间贸易,往往用之比于银钞焉。"又记:"务川有砂坑之利,商贾辐辏,人多殷实,善告许难治,长吏多不能久,必以罪罢去。"明嘉靖年间,在盛产水银的板场坑设水银场课税局,去司水银课税;在三坑设巡检司,加强对水银生产地管理。到清工,务川水银生产依然繁荣。道光《思南府续志》载:"务川之朱砂、水银,可以行远,产亦无多。务川木悠石采砂最盛,每场出汞二十至三十挑,官坝发达,有获利近万者。"

二、沧桑漫长的盐油古道

古盐道

务川仡佬族在进坑开采丹砂前,必须祭祀宝王。宝王是仡佬族的祖先,因其献丹砂于周武王而被封为"宝王",后被仡佬人奉为"宝王菩萨"。并在盛产丹砂的三坑、板场等地建有宝王庙,祭拜宝王菩萨分小祭、大祭、年祭。主要祭品是猪头。猪头要正对采砂人所开矿洞方向。香两炉,插在猪鼻孔里,酒三盅,纸钱数串,采矿人面矿洞,虔诚祷念:"天炉神,地炉神,家坛香火不安宁,灶王君府不洁净,灶后夫君敬炉神,天上有十二神仙下凡,地上还有四角地神,宝王菩萨做主,土地公公有名,要保佑我打发槽子,左打左发,右打右发,四季大发"。祭毕,要将猪头清汤煮熟,招待大家。

丹砂炼成的水银(汞),为传说传统的防腐剂,皇帝墓中多灌有水银。有文献记载,山东的齐桓公墓、成都的蚕丛氏墓及西安的秦始皇陵都灌有水银。齐桓公死于公元前643年,那时,丹砂已被用来提炼水银了。山东、成都、西安均不产丹砂,他们墓中所用,主要为乌江流域所产。《史记》载,秦始皇陵:"以水银为百川江河大海……上具无文,下具地理。"难怪秦始皇那么礼遇一个巴人妇女。

丹砂为矿产物染料,其色鲜红而持久。战国时,楚人、巴人、蜀人均尚赤。各国国王为争得丹砂往往发生战争。丹砂不仅为皇帝贵族及少数民族所珍视,还为古代道家炼丹的最佳原料。葛洪《抱朴子》说:"仙药之上者丹砂,次则黄金……"在道教盛行的古代,丹砂被视为黄金。

由于乌江流域盛产丹、盐,又有乌江丹楫之利,不仅出现了巴寡妇清这样的富人,还成了中原王朝统战西南的纽带。丹砂是乌江人打通早期中原的金钥匙,所以,才有"成周之会……卜人以丹砂"。

漫长的乌江盐丹古道

历史翻到了新的一页,公元前316年,秦遣张仪、司马错率军南下,擒杀蜀王及太子,一举灭掉蜀国,继而挥师东下,一口吞掉了毫无戒备的巴国。结果巴王被俘,部族四散,泱泱巴国一夜之间不复存在。随着时代的久远,作为族名的"巴"也日渐被人淡忘,而作为巴人熬制的盐——巴盐，却永远铭记在人们心间。

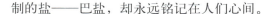

二、沧桑漫长的盐油古道

巴国灭亡了，但它的一支臣民却溯乌江进入了广袤的武陵山区，其后裔融合当地土著人，又产生了一支新的民族——土家族，他们在这里开垦荒地，重建家园，仍然保存着巴族部落的传统习俗，以白虎为图腾，喜歌舞、好鬼神。然而，广阔的武陵山区和整个贵州以及渝东南是一个不产盐的地域，曾经拥有盐泉并制盐、运盐的民族，却成了无盐者，这生活淡而无味，咋过？于是，他们把目光同时盯住了千里乌江。

乌江盐油古道舟楫的起源，最早可以追溯到廪君的土舟。唐代韦建《黔州刺史薛舒神道碑》说："黔中者……其启土也大，其货殖也殷，有廪君之土舟……"这种土舟，当为土人的木船。相传巴族乃廪君后裔，据范晔《后汉书·巴郡南郡蛮传》载："巴郡南郡蛮本有五姓：巴氏，樊氏，瞫氏，相氏，郑氏……令各乘土船，约能浮者以为君，余姓皆沉，唯务相独浮，因共立之，是为廪君。乃乘土船，从夷水至盐阳。"古代巴人长期生活于长江三峡地区，熟悉水性，他们乘土船进入了乌江之后，由于乌江下游的郁山产盐，郁盐不仅东以济楚，西入武陵，还要从郁江外运到彭水，溯乌江而上运往夜郎等等，或沿乌江而下运往枳县（今重庆涪陵）再达江州（今重庆）。秦汉后，黔中、夜郎仍赖郁盐，加上务川、黔江的丹砂外运，也赖乌江，所以乌江航运十分繁荣。

晋控制蜀汉以后，准备进攻吴，将乌江航运继续向上延伸，蜀郡益州刺史王濬大造舟船，王遣参军李毅由涪陵入取武隆，李毅从乌江进军路线与秦司马错取黔中郡路线近似，这是乌江水道的又一次军事利用。同时，乌江民运也在发展，虽然地处边缘的巫盐、郁盐资源枯竭，但很快海盐、自流井盐和贡井盐，仍然能通过乌江航运，大量运往川东和黔东北等地。乌江沿岸的煤、茶、漆、麻等土特产又源源不断地通过乌江运往长江，进入中原。

唐代以前的乌江航道也许更为畅通，甚至可直接通航至费州（今思南境内），乌江周边土司到南京进贡，也通过乌江顺流而下。唐真元三年（787）南诏遣贡使分三路入京都，其中一路就是经陆路跋涉至乌江岸乘船而去，在后唐的天成二年（927）八郡刺使宋朝化等153人由清州（今红枫湖东南岸），携带进贡方物豆蔻二万两、丹砂五百两，蜡二百两，他们也是赶山路至乌江乘舟而去。五代时奖州（今岑巩一带）刺使后温处，常积谷数十万石，他先后累计献军粮二十万石运往前蜀，也是辗转进入乌江船载入蜀境。

宋代，由于乌江航运有了新的发展，乌江沿岸开阔地带也得到了开垦，北宋景德二年（1005）于乌江沿岸垦荒种地就获粟万余石。而今思南板桥，石阡的朱家坝、艾家坪等地的四千余亩耕地，就是宋代的军垦屯田。同时，商贾往来，经乌江进入乌江沿岸又将其集聚的米豆、猪羊、土特产品沿乌江运出。故乌江运输十分繁忙，出现了船不敷用的状况。南宋绍兴六年（1136）为赶运军粮，出现运力短缺，于是官府下令就地采木造船，来弥补民间船只运力不足，从此，乌江上不仅有民船，同时也有了官船。尤其是建了思南、石阡、铜仁、乌罗等八府，同时贵州建省，明清两代对乌江航运大为运用，乌江航运得到更快发展，给乌江经济文化开发带来了新的机遇。此时，沿江的农业耕作，经济林木，畜牧产业，加工业，纺织工艺，竹藤编技都有了新的发展，思南、沿河、龚滩、彭水、武隆等不仅成了本土物资集散地，也是沿江周边等各府州县的物资集散装运的重要港口。

南宋，朝廷为解决军用马，制定了"盐马贸易"法。令商人以盐到乌江中上游换马。明洪武三年（1370年），实行"纳米中盐"的政策，到了洪武十四年（1384年），为征服黔人，夺取滇地，朝廷在贵州广置卫所，驻扎重兵，人数猛增，军粮奇缺。朝廷更加大了实行"纳米中盐"政策的力度，令商人输粟于边，给以盐引，赴场取盐，自引贩运销售。

清雍正九年（1731），改为"定口授盐"之法，按人口多少日配盐五钱计算，招专商承引，分场定岸配销，黔东北地区逆乌江而运销川盐，由乌江入长江口之涪陵逆江而运，称为"涪岸"。万历四十五年（1617年），朝廷实行"纲册"，即向朝廷认纳盐税者，将其名列于纲册，只有纲册上有名的商人，才有资格购盐运销。至清乾隆前期，贵州盐政仍袭此法。这些令也好，法也罢，它们的政策都要通过乌江的航运来实施。于是，到了清乾隆元年（1736年），四川巡抚黄廷柱于黔边划仁（仁怀），綦（綦江）、涪（涪陵）、永（叙永）为贵州食盐四大运销口岸，以行黔盐，各岸均有指定运销地区，由岸商自犍为、富荣（富顺自流井和荣县贡井）两地盐场将食盐运到岸口，再由运商接运入黔，称为专商行岸。

四个口岸与乌江流域有关的就有涪岸和永岸。涪岸几乎囊括了乌江中下游地区的供盐，永岸主要负责乌江上游的织金、安顺、毕节、威宁等地的供盐。其中对乌江流域乃至整个贵州影响最为深远的是涪岸。涪岸负责四川富顺、荣县和犍为三地所产盐巴的运销，巴盐先运抵川境今重庆涪陵后再行转运，溯乌江经彭水至龚滩后，盘滩转运、起盐换船经沿河而达新滩，再次盘滩转运至德江潮砥；然后第三次换船抵达思南；有的盐巴还需第四次换小船，经乌江支流龙川河后抵达石阡。

清道光年间，贵州乌江人丁宝桢任四川总督，深知黔省人民食盐之苦，并派唐炯督办盐政，制定"官督商运商销"，盐税就场征收办法，在产盐地四川自流井设官运局，专管黔盐运销事宜，招商认购认销。规定涪岸年运入黔盐21载，约226.8万斤。并将川盐熬制四种花色以示区别，涪岸盐为炭巴形块状，便于船运及起岸后人背马驮，通过乌江运往各地。

盐运是乌江航运中的大宗商品，随着航运业的发展，带动了农副产品的生产加工和运输，如粮食、木料、药材等，尤其是乌江沿岸盛产桐油，占全国桐油产量的三分之二，在石油未出现以前的古代，桐油是重要的生产资料，它是天然油漆，也是照明燃料，用途十分广泛。这些土特产的出境，也是依托于这条古老的运输通道。故思南、沿河、龚滩、彭水、涪陵等很快发展为商贸中心，仅盐号大小就达360多个，还吸引了四川、陕西、湖南、江西、上海等外地商人来乌江沿着经营食盐、大米、黄豆、桐油、生漆、木油、山货、布匹、中药材、煤油等，仅沿河城就有外来者不下200余人，这些人的到来，使乌江沿岸的商贸业得到迅速发展和繁荣。沿河富商肖景仲曾被明朝万历皇帝赐

二、沧桑漫长的盐油古道

封为"百万富翁"。由于他资金雄厚,长期经营盐业,他还用钱把四川自流井一家大盐号连库存盐都全部买光了。当时,肖景仲在沿河城两岸创办有"大晟号"商号,同时还在思南、印江、重庆、涪陵等地设有分号或经销点,以后又在沿河城东岸建立了"大晟号"、"大晟亨"两个分号。沿河另有一富商"崔百万"为了运输、经商方便,投资在思南的大罗坝修了一座"崔家桥",在印江的夫子坝修了一个渡口,并买下80担谷子的田业作渡口工人生活的基金,还出资修建沿河至秀山60公里的石级路面。

同时,乌江还是川、黔、湘物资交流和商旅往返的交通要道之一,民国时期,日寇侵华,国民政府迁都重庆,川盐济湘,湘粮调川,乌江航运更是国民政府维持正常工作运转的重要生命线。据史料记载,乌江航运初期有歪屁股船216只,杂货船32只,来往于龚滩与涪陵之间运盐粮等物资,1939年各种木船已达450只以上。以后原在长江中行驶的舵笼子160只,亦改在乌江服役。1943年,由涪陵运抵龚滩食盐13947.6吨以上,红、白糖7600多吨,酒500多吨等水上物资,总价值达6663880元。物资输出最盛时期每年约1164.4吨,其中桐油225吨, 油750吨,五倍子255.4吨,生漆65吨,汞14吨。总产值按当时计价达148.2万元。

沉重悠长的古纤道

纤道是乌江峡谷中的独特风景,堪称乌江文化遗产的重要组成部分。它是在数米高的悬崖陡壁上,人工凿出的船工专用通道,供纤夫拉船行走,是纤夫们的一条生死线。它凹陷于悬崖陡壁之中,高仅容人躬身而行,宽不过三两尺,逼仄陡峭,令人胆战心惊,当年纤夫们就游走于这生死线上。在乌江航运史上,它是一项重要工程设施,其意义有似于蜀道中的栈道。远远望去,它犹如一条巨龙沿河爬过群山。

乌江纤道开凿始于战国初期,巴人一支从巴子国都枳(今涪陵)溯乌江而入今武隆、彭水、酉阳、沿河、思南等地黔中,所用之船,必须以人力拉行。由于乌江沿岸险峻,拉纤困难,迫使他们不得不在沿岸悬崖上开凿纤道。之后，战国秦昭王二十七年（公元前280年），秦将司马错伐楚，率巴蜀众十万船只一万艘，载粮六百万斛，溯巴涪水（乌江）夺楚黔中地置秦黔中郡，也需要在乌江两岸开凿纤道。明嘉靖十八年（1593年），贵州先贤田秋奏请朝廷疏逡乌江航道，得到准许，并敕川贵两台使"凿雍疏流，传檄喻商，货盐入贵者赏。"川盐有半数经乌江运至思南发卖，当时乌江大规模的运输，必然在乌江两岸陡滩处开凿纤道。清道光十二年（1832年），思南知府杨以增，为免除思南河段镇江阁常翻船之患，倡议在镇江阁悬崖凿纤道。光绪三年（1877年）四川总督丁宝桢，为获乌江盐利倡导整治乌江，出银4.5万两，疏浚涪陵至龚滩航段55滩，还开凿了木船纤道，乌江中游当时由盐商出钱，百姓出力，直疏航道到江界以上达500余里，疏凿险滩50余座，先后费时三年多。清末民国初，思南商民刘维章、吴光廷，以经营米豆为生意，常集运粮到涪陵销售。喜闻沿乌江两岸的凤冈、石阡、余庆、湄潭、瓮安等所属地区，盛产米豆，囤积很多，价格低廉。但这一段乌江的雷洞、银盆、水油、鱼翅等险滩不能通航，只能靠肩挑背驮，成本相当高，刘、吴等便组织开凿、疏通航运，很快打

二、沧桑漫长的盐油古道

纤夫形象

乌江——远山的歌谣

开雷洞，凿开关门石、银盆、水油等滩，船直达余庆县的构皮滩，刘维章开拓乌江航运的行动，感动了乌江沿岸乡绅，通木坪（构皮滩）的一块《修河碑》记载了余庆县绅士田余章等参与开凿各滩之事，《瓮安县志》也记载了乡绅聂松之、肖元兴、于士龙等筹资凿开了老虎口断航滩。余庆县政府也拨专款协助打通了最大的鱼翅三滩，致使乌江航道延至湄潭的沿江渡，直抵瓮安的江界河。

《修河碑》记：当这次疏道成功船初通时，沿岸百里之居民争先往看。以酒食花炮庆其成功。自此，印江黄州布，思南雄磺精，由水运至江界河，再陆运至省城贵阳，瓮安、余庆等县之米粮沿乌江船运至思南，每逢场期，思南河坝码头常有米船三四百号，贸易极盛。

《修河碑》还写道：乌江航道疏通后，两岸人民有家者创业非艰，无资者谋食亦易，将商务发达，利源充足……老不填沟壑，壮不散四方等来赞扬这次疏理航道工程的功绩和为民造福之壮举。

从此，乌江中游沿岸土特产通过乌江直达中下游交合点的思南

古纤道

县城，而川盐、布匹从思南城又可直接航运到乌江中游各个码头。

抗战时期，国民党水利机构导淮委员会入川，在涪陵设立乌江水道工程局，对乌江航道整治以"轰滩为主，开辟纤道为辅"，经过7年的整治，耗资450万元，花工73万个，测绘了涪陵至思南两江口乌江水道全图，完成纤道开凿94处，共28263米，轰炸滩险73处，水上炸礁119254立方米，水下炸礁28755立方米，完成绞关19座，通过整治，消除了"十船九翻"之虑。同时，加宽改善了潮砥、新滩、龚滩的搬运道。

龚滩264公里的船道，治理险滩20多处，建成大乌江、思南、沿河、德江共和涪陵码头及配套工程，300吨级泊位10个，同时建设了航道管理及通讯、助航设施，建造了自航式施工工程船舶6艘，改造和维修信号台16座，大大改善了乌江的通航条件，可通航300～500吨级货轮，使乌江连接长江水运通道初步形成。

乌江纤道凿出来了，无数的纤夫也走来了。他们以无比雄浑的方式在石头上刻下了奋斗的碑记，乌江纤道是纤夫的灵魂定格在绝壁上的真实写照，是千百年山峡纤夫的血泪和乌江水运苦难史的见证。

也许在二十世纪八十年代前，你打从乌江走过，还会看到这样一群纤夫，如俄国画家列宾笔下的《伏尔加河上的纤夫》的形象，伴随着"上陡滩，也含啦，口吐泡沫，也含啦，眼勒翻，也含啦"的震天一样的号子，几个赤身裸体的纤夫拉着一只歪屁股船在险滩上拼命地挣扎。险滩喧哗着，猛烈地撞击着船头，激起高高的水浪。纤夫们在悬崖峭壁纤道上，把铁钳般的粗手紧紧抠着石棱石缝或抓紧灌木树枝，双脚总是使劲地蹬着每一处突兀的乱石棱，肩上的纤绳深深地勒进肌肉里，痛苦的脸上饱含着沧桑，豆大的汗珠在他们那古铜色的皮肤上碎成了八瓣，这一幅真实感人、扣人心弦的场面让人震撼！

纤夫们肩上的那根纤绳，是纤夫的衣饭碗，因此，被纤夫们特别看重。用来制作纤绳的材料是取山涧最好的荆竹，或江岸竹林里的慈竹。然后请手艺最好的篾匠，用刀剥出竹的表皮编制而成，再放入烧得滚开的硫黄水中煮。煮过后，纤绳就变得十分坚韧，同时也不会

乌江——远山的歌谣

被虫蛀掉。

需要拉纤时，纤绳的一头系在船上的桅杆根部，另一头则由领纤的拉到岸上，纤夫们不可以赤手去拽纤绳，一是用不上劲，二是拽不了多远，双手就会被纤绳拉得鲜血直流。因此，每一个纤夫都有一条缠绕在绳套上用来垫肩的帕子，这些帕子是纤夫们的妻子或母亲用上好的棉质白布细心缝制的，帕子的内面即搭在肩上的那一部分必须严谨平整，不能有任何装饰。帕子表面有些花纹或祝福之类的文字。

船遇激流险滩，领纤的要迅速地跑到前面去，纤夫们也要以极快的速度奔跑，在跑的过程中，要迅速地将纤绳套在各自肩上，顷刻间，纤夫的腰就变成了一轮满弓，而纤绳就如弦上的箭。就这样，十几或者二十多个纤夫吼着闷雷般的号子，以最悲壮的姿态把险滩上轻则十几吨、重则几十吨的歪屁股船拴在了自己的身体上，与大自然展开奋力地搏击。

奇特的歪屁股船

作为中国内陆河三大独特船型之一的乌江歪屁股船，在乌江上行驶，至少已有一千多年的历史。曾经吸引过中外人们的眼球。抗日战争期间，英国随军记者欧文途经乌江，对这个中外造船史上独一无二的奇特船型，产生了极大兴趣，专门将其绘制成图，在《泰晤士报》上进行介绍，但遗憾的是，它作为早期乌江上的常用水上工具，却也于二十世纪八十年代消失于我们的视野，如今，我们讲起它，只是一个模糊的记忆，它就像一个古老的精灵，还是在我们脑海里晃荡。在方志的记载中，它叫厚板船。据民国《涪陵志》载："涪陵江自边滩迤南水急滩险，舟用厚木板，左偏其尾。掌舵立于船顶，以巨桨作舵，长几等于船。取眺望远而转折灵便，其船谓之厚板船。"

歪屁股造型独特，极富个性，船尾两舷绝不平衡对称，而是畸形地歪扭着一侧屁股，高高上翘，并向左方歪斜，干舷很高，两舷外各有三根柄，结构特别紧凑、坚硬，这种船适宜航行滩凶水急的乌江，它以梢代舵，转向比较灵活。梢长约20米，于船后歪尾巴上，下端伸向水中,上端伸向官舱篷顶,后驾长即站在官舱篷顶的木架上,瞭望前方,掌握操纵。所以,善于奇思妙想的乌江人,呼之为"歪屁股船"。确实太形象不过了。就连教育学家黄炎培于上世二十年代曾到乌江一游,见了"歪屁股船",也不禁诗兴大发,提笔写诗一首:

一江黄碧色分明,水入涪陵有浊清。

滩恶当门君莫进,黔船曲尾峡中行。

作者在诗句的后面,还特别写上一段注释:"涪州当乌江藏入长江处,乌江有滩当门,舟不得入,行乌江中者,别有曲尾舟,因江多滩,水急如瀑,故翘其尾,并作斜势,以避下滩时水泻入船,俗称'歪屁股船'"。

船体材料需用坚韧的柏木,或枫木和红椿木,且需厚实无节疤,厚度均在四厘米以上,能承受深度撞击,因乌江河床逼仄,暗礁丛生,滩险水急,漩涡密布,只有这样的船,才具备了独特的控制系统,依托特殊力学原理,如太极招式,借力外化,借力使力,借力引力等,从而使船行乌江,哪怕洪涛接天,巨浪如山,仍然云帆高涨,昼夜星驰,冲波逐浪,无所畏惧。

歪屁股船

二、沧桑漫长的盐油古道

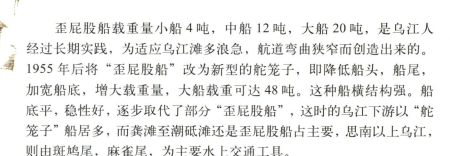

歪屁股船载重量小船4吨，中船12吨，大船20吨，是乌江人经过长期实践，为适应乌江滩多浪急，航道弯曲狭窄而创造出来的。1955年后将"歪屁股船"改为新型的舵笼子，即降低船头，船尾，加宽船底，增大载重量，大船载重可达48吨。这种船横结构强。船底平，稳性好，逐步取代了部分"歪屁股船"，这时的乌江下游以"舵笼子"船居多，而龚滩至潮砥滩还是歪屁股船占主要，思南以上乌江，则由斑鸠尾，麻雀尾，为主要水上交通工具。

其实，我们从歪屁股船夸张的造型，还可以发现许多神秘的乌江文化，歪屁股船仅仅是一个符号，但这个符号诠释了一种独特的乌江人文精神。它是对平庸的批判，激情的超越，是对一切成规、秩序，乃至传统美学的嘲讽。

丰富多彩的码头文化

码头是乌江上行船人温暖的家。有了码头，东来西去、南至北归的客货便得以疏散、转运。有了码头，也就有了独特的码头文化。

千里乌江有无数个码头，每一个码头都是一本书，也是乌江两岸人流往来的各个交通要道。有了远方来船、有了木渡，有了乘木船来来往往的路人，这码头自然也就热闹起来。于是在码头的河岸、在码头的沿街便兴起了形形色色招徕行旅的店铺，商贾云集，过客不断，大大小小的盐贩私船、官船自上而下，自下而上，浩浩荡荡。便发展成为具有乌江地区特色交易集市。乌江一路走来就有涪陵、武隆、羊角镇滩、江口、彭水、龚滩、洪渡、沿河、淇滩、潮砥、思南、文家店等大小几十个码头。在明清时期乌江航运非常发达，各个码头长街深巷，酒肆林立，成为摆渡的、拉船的、抬滑竿的，拉黄包车的以及小商贩们经常光顾的地点。在酒店里，乌江人或猜拳行令，或高谈阔论，或烂醉骂娘，一吐郁积不平之气，这里孕育了码头文化的豪爽。而在码头茶馆打牌下棋，品茶听书，却又显出几分儒雅。中华人民共和国成立前，无论乌江沿岸哪一个码头，都有不少为寻常百姓开的茶馆。与城中心的高级茶馆不同的是，它多由竹篾和油毡棚搭成，靠在江边，亮出高高吊脚楼。说书的手把惊堂木，响声阵阵吸引着满堂听众。掺茶的手提长嘴壶，穿梭于人丛之中。远远地壶嘴一斜，如线一般滚烫的水划出一道优美的弧线，注入盏盏茶碗。滴水不渗，滴水不漏。20世纪40年代，重庆酉阳龚滩码头运盐的船只急剧增长。至涪陵的下水木船已达两百多艘，短途小木船一百多只。至贵州沿河、思南的上水木船也有100多只。仅运盐的背夫就达上万人。抗日战争时期，长江航运受阻，湘鄂重要物资或由沅水上溯至龙潭龚滩，再经乌江转运入长江；出川物资由重庆经长江运到涪陵，再经乌江运到湘鄂，这时期涪陵至龚滩段的木船多达56帮448只，军火及日用品的年货运量高达4万吨，每船纤夫16人，一个涪陵船帮，拥有职工近万人，加背夫人数就更多了。还有做药材生意、布匹生意、牲畜生意的客商云集各个码头，由此可见当时码头饮食生意，十分红火。

　　有了码头，也就有了在码头上凭力气谋生的码头工人。旧时，乌江码头，多被当地恶势力、袍哥帮会所把持，因而为了各自利益持械相斗的流血事件便时有发生，当然最终受害的还是船工、纤夫、码头工人。乌江的码头多由袍哥等黑社会组织把持，大大小小的袍哥"堂口"28个，它们各居一个"码头"称强称霸，为所欲为。本来按袍哥的规矩，"天下袍哥是一家"，组织里的人随便到哪里，只要在茶馆里一坐，亮个"海底"（暗号），叫个"条子"（暗语），打个"上

二、沧桑漫长的盐油古道

码头

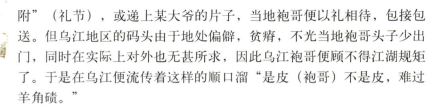

附"（礼节），或递上某大爷的片子，当地袍哥便以礼相待，包接包送。但乌江地区的码头由于地处偏僻，贫瘠，不光当地袍哥头子少出门，同时在实际上对外也无甚所求，因此乌江袍哥便顾不得江湖规矩了。于是在乌江便流传着这样的顺口溜"是皮（袍哥）不是皮，难过羊角碛。"

码头文化促进了码头经济的繁荣。尤其是明清至民国初期，乌江各个码头人气都很旺盛，商业繁荣，独领一方。

盐油古道在群山间延伸

乌江中下游由于通航，交通似乎要方便一些，而上游与外界联系就要困难得多。公元前 221 年秦始皇统一全国后，初步经略"西南夷"，"命常頞略通五尺道，诸此国颇置吏焉"。五尺道的路线，始于今川南宜宾，径高县均连，入云南达大关、昭通，入贵州威宁，再入云南宣威后达曲靖。汉武帝时，地处贵州北部还闹出"夜郎自大"的笑话。汉将唐蒙从江西出使南越时，吃到了蜀地的水果制品——"枸酱"，蜀地商人告诉他，蜀地的商品可以从夜郎直接转道至南越，唐蒙凭着敏感的军事直觉，上书汉武帝，建议穿越夜郎，征服南越。于是，公元前 135 年，汉武帝委任唐蒙为郎中将，率精兵一千，辎重后勤一万人，从巴符关（今泸州合江县西南）进驻贵州——赫章，打通了长安——成都——贵州——两广的军事捷径，打开"夜郎自大"的封闭空间，从此敞开了通往中原的窗口。史书上称之"发巴蜀卒治道，自僰道指牂牁江"，这两条道路都经过乌江上游地区，"栈道千里，无所不通"。商人往来其间，把云贵的牛马运入四川，又把四川的铁器运入乌江上游地区，铁器对交通沿线附近民族地区的生产发展，起着一定的促进作用。

但是，由于贵州不产盐，黔路虽然通达，乌江上游的居民仍然过着"淡而无味"的生活，随着自贡盐业的兴盛和时势的变迁，这条以军事目的建造的道路逐步演变成富饶的经济"盐路"，自贡井盐通过釜溪河运抵沱江边的泸州，分运两路：一条南下通过叙永，到达乌江上游的贵州毕节地区,称为永宁道;一条沿东南至合江,抵达贵州习水和仁怀茅台镇,称为合第道,这就形成了两个由川入黔的引盐运销口岸——永边岸和仁边岸。

川黔盐道似乎一开始就有些艰辛。从自贡沿釜溪河南下十余公里,有一个重要的盐运驿站——仙市。仙市是中国古镇发展中最独特的类型,它的形成与乌江下游的龚滩类似,都与"滩"有关。盐运并非一定在仙市停留,但是一个长长的石滩凸立河中,盐船没法直接下行,只能将盐仓卸在上码头,再由人工搬到下码头,重新上船外运,这就是历史上有名的"盘滩过坳"。其实,千里乌江上的许多码头及其繁荣都是这样形成的。河流的天然局限,加上河水受季节涨落的影响,挑夫、盐商、船家滞留于此,形成了一个人流聚集的中转场所,成为自贡东大道下川路运盐的第一个重要驿站和码头。

叙永是自贡盐运"永边岸"中心,号称"黔蜀分疆处",穿城而过的永宁河,曾经一边属黔城,一边属川城。黔城中盐号密集的时代已经过去,只是在西城的盐店街,矗立着一座雅丽宏大的盐业历史

二、沧桑漫长的盐油古道

盐油古道

建筑——春秋祠。陕西盐商在自贡修建了精美绝伦的西秦会馆，在边疆中坚守着财富的春秋。一座会馆几乎成了城市的代言，春秋祠留给人们的不仅是有形的建筑，还有因盐而兴的春秋大义和川黔之间的人文标志。

隋开皇四年（585年），朝廷又命开通戎州（今宜宾市），经鲁望（今威宁）而达云南的门道，这条道路的开通，使威宁、赫章一带得到了川盐的供应，每户可设"盐五斤"，而且对乌江上游的贸易，产生了重要影响。明洪武十七年（1384）贵州彝族土司奢香"开偏桥，水东，以达乌蒙，乌撒及容山，草塘诸境，立龙场九驿"。更使乌江上游民族地区连成一片，对外沟通了川黔，川滇两大驿道，打破了长期以来形成的封闭状态，民族地区经济、文化交流得到进一步发展。

陆路疏通，带来乌江上游地区的贸易发展，携带大批货物，往来云贵、黔桂、川黔的彝族马帮携带大批货物，在该地区往来。他们一方面将食盐、赠帛等运进乌江上游地区，另一方面又将乌江上游的土特产销到外地。据《云南风物志》载："自古以来，马就是极其重要的交通工具。仅在'蜀身毒道'上，从公元前4世纪开始，到清朝，就有不少马帮翻山越岭，往返运输……民国初年，'叮当叮当'的清脆悦耳的声声马铃，已响遍城乡，逐渐形成了迤南、迤东、迤西3大干线和若干支线"。进入乌江上游地区的云南马帮即为迤东干线马帮。该干线有8000余匹驮马，以乌江上游昭通为转运中心，由昆明经昭通运往四川宜宾，途径威宁、毕节、曲靖、宣威等地行程945公里，主要货物为茶叶、棉纱、布匹、百货、盐等。在这里云南的茶马古道与乌江的盐油古道形成了第一次交汇。

有一个作家描述马帮行进在乌江上游总溪河道上的情景：说是路，其实只是被当地人称作毛狗路的那种狭窄且陡险的小路。奇怪是这样的路还能过马，而且是驮着物什的马。由于路随山形时而进弯时而上坳，赶马人在路上行走就时隐时现的，他们常常唱首山歌，悠闲自在，全然不把这脚下百把米常深处的盘挪河放在眼里。粗野中透着点故意造作的悠扬，伴和着叮叮当当的马铃儿声老远就可以听到了。

乌江中下游山区的交通又是另一种景象。川盐运抵今重庆市涪陵后再行运转，溯乌江经彭水至龚滩后，盘滩转运，起盐换船肩挑背驮再入土家族地区的重庆酉阳、龙潭、秀山、洪渡、思渠、黑獭堡、沿河、淇滩而达德江的新滩，再次盘滩转运至潮砥，然后第三次换船抵达思南，有的盐巴还需第四次换小船，经文家店抵凤冈、余庆、湄潭，有的经乌江支流龙底江后抵达塘头、大坝场、石阡，再人工驮运至镇远等地。古道再继续向众多的山区及重庆、湖南边境延伸、拓展。从这些码头出发，还经陆路运销各地。其实，这些陆路古盐道也是土家族地区运输物质的主要交通线。即重庆市彭水起岸后，北经羊头铺、保家楼、郁山镇、米场镇、入黔江；南经摩围山，到茶园、洋水桥入道真、务川；洪渡码头起岸，经塘坝、后坪、茅天再达今遵义的务川；船至龚滩或盘滩转运，继续逆水而上，或起岸，靠人工驮运经丁市、酉阳、龙潭、秀山至松桃。沿河码头起岸，分若干条陆路运销各地：由码头向东，经沙子、中界、晓景、出韭菜丫接松桃的甘龙口路，行程25公里，再延伸至乌罗、孟溪、达寨英；由码头向东南，经淇滩、上坝、甘溪、谯家、耳当溪、袁家湾接去思南路，长60公里；由码头向西、经黑水、下坝、官舟、官庄、土地坳、干树坳去接德江路，长约40公里；由码头向北，经黑獭堡至铺子口去接重庆酉阳丁家湾，长15公里；由沙子场北行，经大漆、大垭达酉阳小河。由沙坨经淇滩、天宫井、水田坝、铅厂坝接印江沙子坡；由沙坨经深沟子、茶店、板场、渡塘接德江的稳平然后再从甘溪南行，经毛田、夹石接德江望牌路，从官庄为二，一经水田坝至捷克，一至德江泉口寺，从黑水北行，经泻家庄、思渠、毛渡、隘门、洪渡等地，去接重庆彭水县。

德江新滩码头起岸，至桶井、稳平到德江城；潮砥码头起岸有两条陆路，一是经中坝到达印江，另外一条是从枫香溪、杉树到印江。然后从印江至乌罗、孟溪、达黔东重镇寨英。乌江涨洪时，潮砥船不能至思南，并由此起岸陆运到思南城。

思南码头起岸，南经小岩关、镇江阁、邵家桥、两江口、塘头、南盆坳、板桥、迎水寺沟至石阡；东经得胜关、邵家桥、陈家沟、两路口至印江的缠溪；西经饶家坝、大河坝、许家坝、岩头河、水田坝、青杠坡至凤冈县新民。古道支线：从邵家桥起，经梧桐树、大坝场、

二、沧桑漫长的盐油古道

桐梓园、钱串岭至印江的杨柳树；从塘头起，经三道水、老店子、瓮溪至石阡。

乌江转运的川盐不仅销售黔东北12个县，还大量经销湘西需由沿河、思南，马力运输或人工肩挑背驮至江口的桃映、闵孝两码头，或至龙江河上游，再由锦江经江口、铜仁，或由龙江河、舞阳河经岑巩、玉屏下运湘西。陆运距离长达数百公里，全赖人马运输，运送极为不便。1942年铜仁、江口等县食盐一度脱销、斗米斤盐，思南至闵孝路段，途经庞大的山体苗王坡全靠人力接转，山间小道更是摩肩接踵、昼夜不停。

这些陆路除了运送乌江各码头起岸的盐巴外，还兼运本地土特产和其他商品，所以在印江、德江离乌江航运稍远一点的县城，又还有官道、商道，一边连接乌江盐油水道，一边由县城向四周山区延伸。诸如地处佛教圣地梵净山麓的印江城，过去由于手工业发达，加上信佛朝梵净山者日以万计、络绎不绝，印江曾是黔东北陆路枢纽。它分九条商道向外疏通。印筑商道，印江至贵阳，称"中大路"，途径坪兴寨、小云半、后坝、龙塘岩、思南孙家坝、塘头、瓮安响子场（今草塘）至贵阳，从印江向外运销土布、油布、雨伞、白皮纸等；从外运入粮食、斗笠、灯草、烤烟和部分工业品。印秀商道，印江至秀山，途经板溪、天堂、来安营、屙屎坳、天烧桥、松桃的甘龙，达秀山；印湘商道，印江至湖南茶洞，途经河缝、观音岩、土地堂、朗溪司、肥山溪、合水、新场、木黄、坪洞口、孟溪、松桃至湖南；印沿商道，印江至沿河，途经中皮穴、岩门、大圣墩、牌坊、龙井坝、沙子坡、沿河的铅厂去沿河；印德商道，印江至德江，途经甲山、西岩寺、美女跳岩、中坝、大田、大安桥、德江的安牙铺、袁家湾去德江。此道还由中坝分道经南盆坡、苏家沟、渡乌江、过桶井、鹦鹉溪达凤冈、永新、湄潭、遵义至重庆。清末至民国年间，印江土布、印花布在湄潭的新设了一条街，叫印江街，其土布就是从这条陆路运往的；印岑商道，印江至岑巩，经岩口、曾家、两路口、驷马桥、牛郎关、凯上坪、杨柳树、至石阡的石固，越凯楼去岑巩；印思大道，印江至思南，自印江起经文昌阁、渡中洲河、上白水坡、下九道拐、过周家坝、凉水井、至思南城；印镇商道，印江至镇远，经坪兴寨、农场、后坝、陈家沟、天生桥、思南的大坝场、石阡去镇远；印铜商道，印江至铜仁，经岩口、曾家坳、两路口、秀木关、缠溪、搞车坡，江口的德旺、闵孝、去铜仁。再去湖南的花垣、凤凰、麻阳等地。

背来的文明与繁荣

谈到"背"，似乎在你眼前，会立即展现这样一幅图景：一队队"背佬二"，身负山一样高的货物，或盐、油、或其他，手里拿着弯牛角般的打杵，驼着背，揣着粗气，亦步亦趋，吃力地向大山爬去。

将乌江航运延伸到沿岸山区，就全靠这些被称之为"背佬二"和"挑夫"的"脚子"。是他们将山区各族人民生活需要的物资从各个码头运回，把各个山区的土特产桐油、木油、茶叶等运到各个码头，通过乌江运往长江。

"背佬二"接受盐号的雇佣，肩挑背驮，将盐巴运到指定的乡场。沿河一带以背篼为主，力夫随身携带木制打杵，身背盐巴在山间小道艰难跋涉，沿河至松桃甘龙途中的大龙坡，深深的打杵印痕至今清晰可见。思南一带以挑担为主，印江与江口交界的苗王坡上，荒烟蔓草中就掩埋着一条人行古道。挑夫不仅承受皮肉之苦，还要冒生命危险，那些荒无人烟之处，就是棒佬二（土匪）"关羊"（抢劫）的场所。古道的每一寸，都弥漫着血汗与血腥。因为盗匪横行，盐商囤积居奇，盐价不断飙升，达到斗米斤盐的高价，许多百姓望盐兴叹。有的吃"滚滚盐"，即把岩盐放在菜汤里滚一下；还有一种吃法叫"望望盐"，把一小块盐巴用绳子吊在桌子上方，吃饭时，每吃一口菜就望它一下，类似于曹操的望梅止渴法。

脚子分为长途与短途。短途的脚子大都为各码头的本地人，他们的任务只是从船上将盐巴转运到码头或集市的仓库就行了；而长途脚子则来自四面八方，其任务就是将各码头的盐巴背向四面八方山区，相对于短途的脚子，长途脚子的艰辛的程度要大得多。

二、沧桑漫长的盐油古道

乌江——远山的歌谣

　　脚子中的"背佬二"背盐时，首先将盐巴装在直立的晏桶里，这种桶上大下小，一般可装100斤，如果桶顶上用绳加顶，可达200斤，如小山一般，乌江下游沿河自治县的洪杜、思渠和重庆的龚滩等一带的土家人背粪、背水、背塘罐等都用这种背具，一般背负200余斤，多的上300斤。将盐巴装捆好后，背夫们便立马上路。

　　他们就像背着一座小山，"三步两打杵"。上坡下坡，翻山越岭，累了，便利用打杵往晏桶下一撑，而不离肩的晏桶往打杵上一靠，背夫对着大山长长地喊一声"哦火"，就算休息了。他们便又一次被重力压弯成弓一样，利用残存的一点余力，蹒跚地向着目的地爬行。那拄在地上的打杵，其尖端的铁钉，便在黔东北的大山乱石上发出一声声清脆的哀吟，而那些盐油古道的石板上，至今还袒露着打杵留下的密密麻麻的大小不一的杵眼。

　　长途的"背佬二"，一般多为盐商雇用，以微薄的几斤食盐为报酬。也由本地的富裕户雇用本地贫穷青壮年村民做背脚，他们常常十几、二十几人集队而行，去的时候，一背篓苞谷面，用布袋装好，

背夫形象

里面插上写有姓名的小竹片，在沿途小客栈寄存，回来时一路食用。每人准备一张"油单子"，即用白布浇上桐油做成的遮雨遮阳布，搭在背篓的盐包上，前面用竹棍撑起阳蓬来，晴雨兼程。擦汗时不能使用手巾，要用薄竹片制成的"汗抓子"。因为用手巾擦汗会把脸擦破。

背盐人艰辛可想而知，有一首《背盐歌》是这样唱的：

背盐老二一碗米，公鸡一叫催人起。

装上盐巴就起身，上坡下坎下着村。

一个晏桶一打杵，千辛万苦来糊口。

气喘吁吁汗如流，这样日子哪是头？

而像乌江中游的德江、思南、石阡沿岸的群众，几乎是用箩筐、蔑篓挑盐。用竹篾编成桶，糊上油纸，就可作挑运桐油用，而木油是用油架装好后直接插扁担进去挑。使这种工具的人称之为挑夫。

而在思南至潮砥一带，还有扛夫，那就是用三根木棒绑成三脚架，捆上岩盐，头伸进去，架子落在肩上，扛着走。这称之为"扛夫"，不管背夫、挑夫还是扛夫，都是通过这些山路，将四乡八寨的土家人的桐油，木油以及茶叶、中药材、匹张、土布等运往乌江各码头，或集镇市场，那些下力人的艰辛同样是惊天地泣鬼神的。

人类文明总是依傍着河流而生息，一条以乌江为主线的盐油古道，助推了乌江沿岸城镇的发展和繁荣，也促进了乌江沿岸纵深的崇山峻岭中诸多的乡村文明与繁荣。如航船无法所至的地方，均靠人工肩挑背驮，所以，人们将其称之为"背来的文明与繁荣。"

二、沧桑漫长的盐油古道

三、诗意般的栖居

当你穿越在巴山黔水的乌江盐油古道时，除了听到回荡在江面上古朴、粗犷的船工号子、乌江山歌外，还到处可以看到风格各异、新鲜奇妙的建筑：你可以看见一座座石头村、石头寨和石头城堡，还有干栏式建筑，这种中国南方特有的古老建筑形式，楼上住人，楼下架空，被现代建筑学家认为是最佳的生态建筑形式。吊脚楼是土家山寨的建筑一绝，它依山而建，鳞次栉比，层叠而上，伴之走马转角楼式的花花桥，更是堪称民族建筑中的瑰宝。乌江流域真可谓是一个巨大的民居博物馆。在这里，各民族的民居建筑异彩纷呈又具创意，都昭示着强烈的生命意识，体现了乌江人与大自然的密切联系，也体现了外来文化对本土文化的影响。这些建筑是各民族在特定自然条件下的创造，是经验智慧、审美情趣和传统文化的结晶。

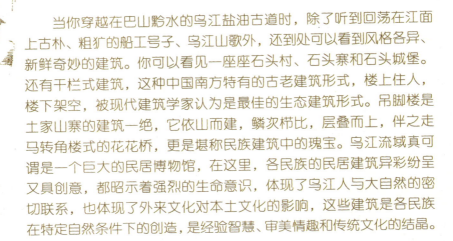

当你穿越在巴山黔水的乌江盐油古道时,除了听到回荡在江面上古朴、粗犷的船工号子、乌江山歌外,还到处可以看到风格各异、新鲜奇妙的建筑。你可以看见一座座石头村、石头寨和石头城堡。还有干栏式建筑,这种中国南方特有的古老建筑形式,楼上住人,楼下架空,被现代建筑学家认为是最佳的生态建筑形式。吊脚楼是土家山寨的建筑一绝,它依山而建,鳞次栉比,层叠而上,伴之走马转角楼式的花花桥,更是堪称民族建筑中的瑰宝。乌江流域真可谓是一个巨大的民居博物馆,在这里,各民族的民居建筑异彩纷呈又具创意,都昭示着强烈的生命意识,体现了乌江人与大自然的密切联系,也体现了外来文化对本土文化的影响,这些建筑是各民族在特定自然条件下的创造,是经验智慧、审美情趣和传统文化的结晶。

土家吊脚楼的文化事象

吊脚楼已成为乌江文化的一种象征。

由远古巢居衍变而来的吊脚楼,经历了几千年的风风雨雨,曾作为一种普遍存在的民居形式,遍布古代乌江的山山水水,然而不经意间,那辉煌一时的吊脚楼居然所剩无几了。

如今似乎吊脚楼那长长短短的支脚,那参差横斜的椽梁,那伞把柱支撑起的正屋和横屋的两个屋面,那瘦骨嶙峋筋骨毕现的墙体、都成为一种精神的表征而存在。

所幸的是,乌江沿岸文家店、潮砥、望牌、思渠、鲤鱼溪、龚滩等处还为我们保留了如此完好的吊脚楼。它们像标本一样在乌江峡谷的峭壁上错错落落地撑开,静静地耸立着。时间,仿佛在这远离尘世喧嚣的地方出现了休止符,将巴人艰难而又极具匠心的创造定格在了这乌江岸边,也将巴人的社会生活和精神生活图景凝固在了这武陵深处。让我们今天能够一睹干栏建筑"活化石"的原始风采,领悟古代巴人原初的生存本能和顽强的生命意识。

当然,成规模的乌江土家族吊脚楼,还是要数乌江下游的龚滩,

三、诗意般的栖居

虽说旧的吊脚楼已被彭水电站淹没了，仿造的新吊脚楼也一点不含糊，整个龚滩新镇就像古镇脱的壳一样，一点没变样，依然韵味十足，古朴典雅。龚滩并不大，仅南北纵向两条街，从头到尾也不超过2千米长，想来若从空中俯视，两条街该像一个平行于乌江的"约等于"符号。吊脚楼沿街也是沿江一溜铺开，密密匝匝地布满了崖下的坡地。它们最大限度地利用了逼窄陡峭的空间，或跨涧，或附岩，或骑坎，或梭坡，或扭曲，或错层……千姿百态，形形色色，依山就势，随遇而安。

旅游人进龚滩，初入眼，那些交错纷杂的吊脚楼颇有随意散漫之虞，似乎难有章法可寻。其实不然。正是这一点，使它们成为画家和摄影师猎取的对象，也为乌江旅游众人首选的著名景区，原因就是它的天造地设、气韵生动。这气韵，便是旋律，是节奏，是起承转合，是自然之脉络。透过那自然洒脱的外表，艺术家发现了它们其实严守着自然的绳墨。不信看那一座座吊脚楼，若有立足之处，便楼棚密布；若逢绝壁溪流，则自然敞开。楼宇若鸽棚密集而疏朗，错落而有致。溪涧桥洞，散落其间，芳草萋萋，烟树葱茏。桥街上漫步不见桥，总觉山穷水尽，前路莫明；随后柳暗花明，豁然开朗。或恍入"一线天"，"自非亭午夜分，不见曦月"；或如临"舍身崖"，千里峡江尽收眼底。举起画笔，即生气韵，打开镜头，皆是佳景。那浓浓的乡俗气息和田园牧歌般的情调，让人想起海德格尔"人，诗意地栖居"的名言。在山地人居环境和环境美学方面，此处堪称一佳例。

这一切似乎都处于"无政府状态"，然而它们的一招一式都无不是向着天人合一的有规律的空间延伸，它们那不拘"礼"节的随意散漫恰与这大地山川相默契，与坡形地势相结合。这不正是天造地设、形散神聚的艺术美感吗？

我们无不惊讶，土家先民对自然环境的可贵认同和合理理解，并准确地把握了场地精神，使建筑和自然环境相互渗透，相互包容，相互融合，从而形成一个和谐的区域生态系统，而使自己享受着一

乌江——远山的歌谣

种"绿色的"生活方式。这种形态是建筑理念与自然环境充分协调的产物。所以不妨说，吊脚楼是一种"生态建筑"。

　　龚滩吊脚楼由于盐油古道的影响，多少还沾了一点市井商贸气味，而乌江沿岸的其他诸如文家店、潮砥、望牌、思渠、鲤鱼溪的吊脚楼却像这大山一样却显得单纯和质朴，它像土家人不崇尚精致和奢华，也不追求宽绰和气派装饰。装饰，肯定是少不了的。然而它的装饰简单而朴素，不像徽州民居那般处处精雕细刻，无不描金绘彩，也不像江南园林那般处处精心打造，浓艳华丽。它或许认为那是暴发户的过度挥霍。富裕点的土家人家，只需要一个赋有象征意义的变形符号，或藤草、水纹，配以简单的图案，便可把门窗、栏杆装饰得妥妥帖帖。既富含寓意，又朴素大方。朴素，难道不是一种更高的境界，一种更高层次的美吗？

乌江吊脚楼

三、诗意般的栖居

很难设想，乌江吊脚楼多建在峡谷峭壁上，与山水为伴，云雾若隐若现，偶尔云开日出，露出真容，竟然，是几根碗口粗的柱子置放在悬崖上，若鸽棚一般，外加一排雕刻为橙子瓣的悬柱悬在半空，悬吊吊的，令人胆怯。云遮雾障时，鸟语猿啼，古木森森，俨然与山下的碧绿如玉的江水相映，成为一幅幅天然的山水画廊，淋漓尽致地表现着土家憨厚、质朴的性格。

乌江的吊脚楼门前用不着石狮子、石鼓，内里也用不着"美人靠"。横梁上挑出一个"耍子"（阳台）就足够消闲纳凉，谈天说地的了。吊脚楼上的人家，"耍子"上隔街相望，闲来几人聚聚摆摆龙门阵，家长里短闲聊一通，那是很普遍的。邻里间的亲情，还维系在这"耍子"上。外人乘船打从江面走过，运气好时，或偶尔听到晾衣的土家妹子那银铃般的山歌声，或看到她向行人投来甜蜜的微笑。江面放船的小伙子也情不自禁地应上那么一、两曲船歌，火辣辣，却缠意绵绵，那又是另一番情致。就是这一番情致也有诗人写道："家家临水作岩楼，半是村街半是浮。十八小娥槛内秀，停舟坐看上滩舟。"

当然，一般说来，唱山歌的民族是朴实的。土家民族朴实的性格与他们朴素的衣着和朴素的房屋装饰乃至朴素的思维方式是如此统一和谐，就像绿色融化于乌江中一样自然，就像把吊脚楼建在乌江逼窄的陡峭上一样自然。

乌江吊脚楼的山民性决定了它朴素的品格。朴素的品格表现为不浓艳，不华丽，不雕琢，不矫饰，古拙纯净，自然天成。这种朴素非但没有削弱其文化含量和认识价值，反而透露出一种崇高，一种非凡，一种自信。在如今这个物欲横流追求时尚、追求享乐的年代，"精神家园"的概念已经淡薄。轻柔甜腻、香软温馨，或者光怪陆离、感官刺激成了人们审美判断和价值取向的标准。所以很多"现代家庭"都将居室装饰得犹如酒吧间或宾馆一般，而乌江吊脚楼反而成了"另类"。纯正原始的文化基因，同时保存了几分乡野的质朴，超脱和野逸。

庄重的石头寨与石板房

在乌江的黔中腹地,你可以看见一座座石头村、石头寨和石头城堡。在那里,一切都是用石头建成:石头的路面石头的墙,石头的屋顶石头的房,石头的碾子石头的磨,石头的碓窝石头的缸。

石屋的主人大都是布依族。整村整寨不见一砖一瓦,房屋四周用石块砌墙,房顶以片石为瓦,室内间隔也以石砌成。院落的墙垣、寨中的通道、村前的小桥、梯田的保坎也都用石头修筑。家中的用具,如碓、磨、钵、槽、缸,全是用石做成,到了这里仿佛进入了"石头王国"。石头寨就是具有这种典型石头建筑的布依村寨,在安顺的一个以伍姓为主体的石头寨。传说600年前,其先祖到此开发逐步繁衍而成寨的。现在全寨共有200户人家,1000多口人。

石头寨依山傍水,四周有秀丽挺拔的群山,寨前田连阡陌,寨后绿树成荫,寨边有宽阔的石头河,河水清澈见底,见游鱼成群,互相追逐。河上有座30多米长、5米宽的五孔石桥,弧形石拱与倒影连成一个个圆的洞门,对岸绿水青山,分别映在圆洞里,正如五幅不

石头房

同画面的山水彩屏。竹林、果树相间的岸边石屋村寨，在阳光的辉映下，如片片白云，散落在青山绿水间，形成一派独特的山村美景。

石头寨的石屋建筑极有特色；石屋沿着一座岩石嶙峋的山坡，自上而下修建。石屋层层叠叠鳞次栉比，依山林立，布局井然有序。有的石屋房门朝向一致，一排排参差并列；有的组成一正两厢院落，一幢幢纵横交错；有的石屋是石砌围墙，由一石拱朝门进出的单独院落。村头寨边的竹林柳荫下，还安置了许多的石凳石椅。房屋为木石结构，不用一砖一瓦。用木料穿榫作屋架，屋架有7柱、9柱、44柱不等，无论是三间或五间一幢，中间多做堂屋，下为实地地面；左右两边多作卧室，上铺地板，下为"地下室"关牲口。在建房时，首先用石头砌好两个较高的屋基，一般在2米以上，然后将木柱房架立在上边。正因为屋基较高，家家都得砌石阶进门。房架立好后，就砌石墙四面封山，用薄石板盖房，有的用石料间隔，石柱支撑。这些房屋的墙，有的用块石、垫石垒砌或浆砌，有的用锤针剔打平整的料石安砌，有的用乱石堆砌再用石灰或混凝土在墙面勾缝成虎皮墙。砌石接缝紧密，线条层次匀称，工艺精湛，房屋造型美观大方。

石板房，可以说是乌江布依族建筑的一道亮丽风景。主要分布在贵阳的小碧、花溪、龙洞堡、湖潮及安顺、普定、六枝等县市一带。当地石灰岩丰盛，开采方便，布依族石匠很多，开采的岩石用来垒砌屋基，山墙、镶嵌内外墙体、作楼板、地面，还用石板盖屋顶。家庭日用器具，有石印、石磨、石碾、石灶、石凳、石桌等等，形成了独特的石板房和石头建筑风格。

布依族村寨依山傍水，周围先长着茂密的竹林和风水树，寨前田畴纵横。每个村寨都有群众聚会和议事的公共场所。沿寨内中心通向四面八方，一般都有数条较宽的路面贯通全寨，形成寨子的主要动脉。岔路复杂多变，时而平缓，时而较陡，陡地的地方皆用石头砌成阶梯。

单体住宅中，即便是最简单的家庭，住房分配也有特定的规矩。堂屋正厅是家庭的活动中心，普遍都设有"挂壁式"或"香案形"

三、诗意般的栖居

的神龛，也喜欢仿照汉族供奉"天地君亲师"神位和祖家牌位，为供奉祖先和接待宾客之地。堂屋后间设"浪行道"、专贮有腊肉、香肠，酸辣坛及其他干菜。左厢前面房间设"火塘"，供取暖炊薪及就餐。后面一间设内室，分前后两间，各开门进出，是家中老人卧室或设为客房。右厢后面房间设厨房，前面房间是子媳的卧室。正房两侧建厢房，有独间，也有连二间或三间的，一楼一底，楼下作牛圈，鸡舍堆放柴草、农具。楼上设若干小卧室，供子孙居住或设客房。

古色古香的江城民居

乌江盐油古道的繁荣，催生了千里乌江沿岸江城的中兴，当我们今天走进那些斑驳的古墙与幽幽小巷，会看到那些以姓氏命名的院落。这些就是富有浓郁民族特色的江城民居。而他们基本上都是靠经营盐油起家的。诸如龚滩的夏家院子、冉家大院、杨家行，思渠的田家院子、华家院子，沿河的周家大院、熊家大院、肖家大院，淇滩古镇的张家院子、刘家院子、王家院子，潮砥的黎家院子，思南的刘家统子、艾家统子、郭家统子、田家大院等等。走进这些江城民居，沉淀着的岁月记忆，给人一种沧桑的感悟。

龚滩杨家行雄踞于二河坝码头正上方的山坡上，俯视着乌江的奔流和码头的繁忙，成为龚滩昔日商业繁荣的标志，也是龚滩盛衰的历史见证。

杨家的先祖于明末清初由江西临江府迁徙而来，定居于此，修建了带有封火墙而又主要为木质结构的住房。显然，封火墙是他们江西老家的建筑传统，而开放性的临江带有"耍子"的木构楼房则是巴地的本土风格。杨家的住房是两地建筑风格融合得较为成功的范例。当然那时还不叫杨家行。

原建筑毁于清末大洪水。清宣统元年，杨芝田重新将原屋基抬高了4.5尺，但仍保持了先前的建筑风格。主楼面街二层，面江三层，南侧依山势而下错一层，这恐怕也是江西建筑难以见到的。

杨家为书香门第，世代不废诵读，这又是江西人传统的"耕读传家"的乡村价值取向和社会思潮使然。然迁自龚滩后，杨家几代人都未求功名。这或许和龚滩当时因商品经济萌动波及思想领域和社会时尚有关。杨家的"秀才"杨芝田还曾外出赴川南自流井任塾师教书，回龚滩后还经过商。

清末民初，龚滩经济日渐繁荣，外地客商大量涌入，杨家便将房屋租赁给了外地商人。外地商人据此经营起了大宗的盐业生意。陕西、山西的商人常聚集于此，洽谈商务。这便是民国年间声名远播的"大业盐号"。它大量从四川自流井购进食盐，然后批发至川鄂湘黔边区各地。大业盐号后又为官僚资本所控制，连当时的国民政府财政部长宋子文在其中也有股份。依仗这个权势，杨家行的生意，在龚滩镇算经营得最好的几家之一。著名的转角店、半边仓等都是当年大业盐号经营和囤积食盐的仓库。杨家行的名称便是这时叫响的。

三、诗意般的栖居

刘家统子

二十世纪的二三十年，国营的龚滩粮油转运组还设于杨家行老建筑内。主要负责将秀山、酉阳两县的粮食转运到涪陵，再经由涪陵外运。

商业繁荣的消逝让杨家行沉寂了数十年。现在，旅游业又悄然兴起，杨家又在老建筑北边的空地上加修了一个可以让游人休息品茗，凭栏眺望乌江美景的古朴的廊亭，屋檐下又高高悬起了"老盐局客栈"的旗招，招揽着游客的生意。

思南刘家统子是思唐镇的一组古代民居建筑，位于城南。主人过去也是经营盐巴、酒店生意的，从小岩关进思南城的顾客必经这里，其建筑格局颇具乌江特色。根据地形，建筑布局由龙门、石墙、石砌台基、照壁、正房、厢房等组成。院落狭长，小巧玲珑。

统子是一种封闭式建筑，外围为青砖砌筑的围墙，主人从龙门进出。龙门为木质建筑，上盖青瓦，古色古香。进入龙门便是照壁，避免了一览无余，使小小空间也显得山重水复，绕过照壁，才可见院子的庐山面目。高高的石砌台阶上是正房，侧面是厢房，长短相间、高低错落、主次分明，呈现一种内在和谐的韵律。

木房内外都是木雕花窗，古朴精美，花鸟虫鱼，呼之欲出。尤以图案化的蝙蝠最为生动，而且寓意深刻。"蝠"者，福也。

其中有一户人家的花坛青砖系上等瓷泥烧制，青砖上浮雕系列花草，造型生动。砖与砖镶在一起，其图案又相连成一个整体，具有较高的观赏性和研究价值。

此外，思南城同类建筑还有艾家统子、郭家统子、盛家统子、陈家统子等。这些统子关上龙门，就是一个自给自足的家了。这些统子，为我们形象地诠释了古人对"家"的定义。位于思南县文化馆（原县城武官衙门）后面城墙上方，建于1930年名为"天水弟"的艾家统子，为坐西向东，依山而建的"四合院"，占地360平方米，分正房、左右厢房、对厅、龙门、院坝。正房后修建有厨房，天井，猪圈，厕所。除龙门为石墙外，全为瓦木结构，雕有窗花、木栏、阁楼。院坝上有花台，种有花草竹木。修建者为艾森荣（1882—1937年），字子父，在思南城开设"德和园"商号，向外贩运黔东北土特产至上海、广州、汉口、重庆、湖南等地，向内贩盐、布匹、绫罗绸缎，毛线，日用百货、高级食品等。赚钱后，修建艾家民居，艾森荣一生勤劳俭朴，好善乐施，每年都要拿出一定的钱粮资助贫困家庭和流民。

魅力多姿的乌江乡村

乌江大山深处的那些民族村寨古朴神秘，多姿多彩，每一个民族村寨都是一幅淳美至真的自然山水画，是人与自然和谐相依、共生共荣的天然佳居。行走在这些民族村寨里，人们总会被这里奇特的自然风光和深厚的传统文化而震惊。

位于乌江中游的石阡楼上古寨，山水如画，古木参天，鹊鸟绕树，田园葱郁，村寨古朴，民风纯良，置身其间如入宁静和谐的世外桃源，心旷神怡，宠辱皆非。登上古寨的观景台，放眼望去，古寨风貌一览无余。她依偎在廖贤河峡谷的怀抱之中，临山面水，风光雄奇秀美。其山峰峦延绵，千姿百态，栩栩如生，清晨云雾缭绕其间，缥缥缈缈，仿若太虚幻境；山下廖贤河似青龙腾舞，蜿蜒伸展，在金辉的映照下，粼光闪烁，空灵无比；廖贤河的北岸梯田铺翠，青翠欲滴，那梯田的线条甚是优美，宛如律动的旋律，奏演着绿色家园交响曲；村头那参天古木与之相应。虬枝盘旋，蓊蓊郁郁，绿荫如盖，鸟鹊满林，白鹭栖枝，朝舞夕鸣，生机盎然。

离开观景台不远就是南桂桥，这座青石桥叫"南桂石桥"。建于明末崇祯二年，桥身由一整块青石组成，长约3米，厚约0.3米，因前面有两棵楠木和桂花树而得名。楠木和桂树高大挺拔，枝繁叶茂，酷似别具一格的寨门。从这寨门走进去，是一个叫仁佳寨的古寨，系本寨始祖周伯泉明朝弘治六年避难于此始建，距今500多年了，坐东北面西南，依山而建，整体成"寿"字布局，巷道纵横，外人置身其间如入迷宫。

三、诗意般的栖居

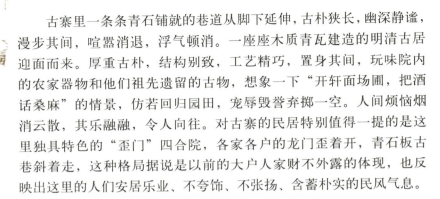

　　古寨里一条条青石铺就的巷道从脚下延伸，古朴狭长，幽深静谧，漫步其间，喧嚣消退，浮气顿消。一座座木质青瓦建造的明清古居迎面而来。厚重古朴，结构别致，工艺精巧，置身其间，玩味院内的农家器物和他们祖先遗留的古物，想象一下"开轩面场圃，把酒话桑麻"的情景，仿若回归园田，宠辱毁誉弃掷一空。人间烦恼烟消云散，其乐融融，令人向往。对古寨的民居特别值得一提的是这里独具特色的"歪门"四合院，各家各户的龙门歪着开，青石板古巷斜着走，这种格局据说是以前的大户人家财不外露的体现，也反映出这里的人们安居乐业、不夸饰、不张扬、含蓄朴实的民风气息。

　　沿着水清见底的太平河一直往前，就可以看梵净山上有"中国土家第一村"之誉的云舍村。

　　传说云舍是仙人居住的地方，仙人被土家人勤劳、勇敢的精神而感动。移居到后山的仙人洞居住，把肥沃的土地让给了土家人，土家人为了纪念仙人的功绩，把寨子取名叫"云舍"。寓意为"云中的房舍，仙人居住的地方"。

　　云舍依山傍水，美景如画，寨后长达数十公里的仙人洞、嘎嘛洞、洞内景观各具其异有瞬间变化莫测的神龙泉，有人声呼叫才涌的"轰鸣泉"等奇特、神秘的自然景观，更有数公里长的云崖大峡谷函境景观等。

　　云舍属于中国土家族民居经典的古寨，四百余户宅舍依山傍水，高低错落，蜿蜒起伏，崎岖而狭窄的青石板道路，函深的巷道，诸多明清古建民舍、祠堂，犹如走进那已久远的岁月。

　　外人走进云舍村，石板路左曲右弯，联结建于清代或民国的土家院落二十多座。院落大都呈四方形，房屋普遍为二层，青砖到顶，滴水屋檐。墙角处泛出青苔。村落里没有特大型豪门巨宅，殷实之家却也不少。

　　石村的水最奇妙。从梵净山流下来的太平河从村边淌过，还像矿泉水一样明净，云舍村人却熟视无睹，自顾自饮用村中的一汪池塘水——周圆近百米蓝色的水。村人说，这个水塘又叫"神龙潭"或"犀牛塘",池塘底部呈漏斗形,中心不知有多深,自古以来涌水,永不枯竭,而且有明显的水涨水落现象。村民世代观察,发现只要在久晴之后水塘涨水,几天后就会下雨。久雨之后池塘水落,那么很快就会转晴了。云舍人打趣说,这水塘就像村里自办的"气象站"。

这神奇的池塘其实是一条暗河的出口,那水从几十里路外的梵净山流过来,常年流水量每秒钟达1.44立方米,冬暖夏凉。水从池塘里涌出,沿着两三米宽的河床从村中穿过,奔涌不足千米就汇入了太平河。这条被称为中国最短的河流,在梵净山下的云舍村带动了一个古老的产业——土法造纸。

走进思南郝家湾,扑面而来的是一种古典园林的美感。曲水流觞的潺潺溪水和傍溪而行的石板大道穿过寨子中间,两边是那些别具一格的石头建筑。幽幽石巷深处,是古朴的龙门、整齐的石墙、石板铺地的农家院落。移步换形,似乎每一个视角都可入画;而石巷中牛铃叮叮,石院里竹树掩映、鸡犬地食而卧,一幅古朴恬淡的风情图画。特别是郝朝相故宅,屋后青峰耸翠,花艳鸟喧;门前波光潋滟,曲水回环;一条精心设计的石板大道,与溪流同向蜿蜒,伸往村外的青山绿野,意境十分优美。

驻足郝家湾,那种诗情画意让人流连;其中流溢出的艺术匠心,又令人折服。与楼上、云舍比起来,郝家湾完全是另一种景象,她浓缩了古人风水的理念。她的布局,很耐人寻味。在风水术中,住宅周围的山脉、水流、道路都受到高度重视,并有一定之规。风水术认为:住宅左侧有青山走龙谓之青龙,右有起伏石岭谓之白虎,前有池塘田园谓之朱雀,后有丘陵谓之玄武,四者具备是最吉利的风水宝地。郝朝相故宅,几乎就是这一风水术理论的实践版。全寨的生命之源,是位于寨子上方的那眼天然泉水,泉流成溪,曲曲地穿过寨子。瓦房则分布在溪流两边。溪流经过人工整修,铺以石板,近于水渠。其水流朝向、水位高低、水量盈缩,也是经过认真规划、精心设计的,符合风水术中对水的要求,这便是"环曲兜抱";它还暗合建筑美学,所谓曲则有景、直而无姿。如郝朝相故宅前,人工提高了水位，砌坝为塘。波光云影，变幻多姿；流水成瀑，动静相生。不仅赏心悦目，而且意在形成吉利风水中的"朱雀"。因为在风水术中，寨子边上是水流出口的地方，修建了一个水塘，塘边古柳若干、枝条垂垂、风来依依，既有婀娜之美，又能"藏风聚水"；塘中垒砌的三角形土台、植桂树一株，桂者，"贵"之谐音也；而郝朝相所书"中流砥柱"石墙，除了实用的水利功效外，还是意在藏风聚水。

楼上古寨郝家湾

寨子中的石头小巷，纵横交错，大体上泾渭分明，如丝线串珠般把一家家石砌院落有机串联在一起。站在后山俯瞰，寨子中纵横交错的石巷像一幅八卦图。走在石墙夹峙的石巷中，感觉幽深狭长的石巷或横或纵，或长或短，或续或连，的确有似某些卦象。果真如此，那郝家湾的建筑更是充满了玄机。

从郝家湾到德江的朝阳村，要坐三个小时的车。当我们来到朝阳村时，正是中午，太阳火辣辣的照在整个山村。该村是以土家族

为主，是德江县最具魅力的民族村寨之一。

朝阳村是隋唐扶阳古城遗址，其规模宏大，设施完备，至今还有馆舍、衙署、城池、兵营、练兵场、哨亭、集市、马场、马道子、监狱、刑场、园林、戏台等遗址，占地面积8万多平方米，加上永盛寺、书院、惜字亭、古墓君等共计22.8万平方米。从遗址的总体布局来看，衙署和驿站为遗址核心，顺缓面坡地而建，横向排列6道巷院。每道巷院面阔20米，纵向延伸3～5重庭院，由一道石门进出。巷院之间，纵向砌两道高大坚固的石墙相阻隔，同时形成五尺宽的巷道。整体建筑有明暗排水系统、内外城、城门、院门、巷道、庭院，外城设有东西南北四门卡子，南北方各设一座护城池，驿站和衙署外围，设置集市、戏台、岗哨亭、兵营、监狱、练武场、园林等，不仅设施完备、布局合理，同时还体现了很强的防御意识和消防意识。

古城遗址是一座气势壮观的石头城，保存较为完好。遗址内遍布石围墙、石甬道、石官路、石龙门、石阶檐、石院坝、石地基，令观者惊叹不已。一座长三间或长五间房屋的石阶檐，通常只用三五块石料辅成。这些石料通常长4米，宽1米以上，厚20厘米，每块石料重3吨以上。其中最大一块石料长600厘米，宽110厘米，厚25厘米，重量达4.5吨。

古城留下了匠人们精湛的工艺。石料加工精致、四棱方正，四角垂直，安装严丝合缝，线条平直，虽经千年风雨，火灾兵灾，山崩地震，石墙仍然坚稳壁立，石阶檐仍然平整笔直，石龙门依旧岿然不动，石院坝依旧平坦如砥。镇守城池的高大石狮工艺古朴、气度不凡；庭院内草木鸟兽石雕图案精美生动，寓意吉祥；整齐平直的石地基上一条条匀称的錾路组成一组组整齐的几何图案，其石工工艺、形制与德江县煎茶镇宋代古墓群极为相似。

仡佬族的母亲河——洪渡河畔的龙潭村，由前寨、中寨、后寨三个自然村寨组成的，居住着的215户837人的仡佬族人，至今仍然保持着传统的农业生产和生活方式。

龙潭村古今"火炭垭"，早在秦汉时期即已有人聚居于此开采朱砂，流风所布，千年积淀，造就了仡佬族独具特色的丹砂文化，龙潭也因之成为中国丹砂文化的中心。迄至明清时期，寨内修筑大量建筑，一度繁盛，申姓仡佬族在此繁衍生息七百余年，形成了具有显著特征的仡佬族聚落发展的文化脉络。

龙潭村三面环山，一面临水，寨前一方水塘，四季不干，荷香满塘，龙潭村由此得名。寨内石板铺路，石巷相连，幽深古朴，景色迷人。道路、建筑、垣墙相互连通，构成了村寨军事防御的体系，遗留至今，成为古寨富有特色的建筑。龙潭村自然风光优美，村寨布局有特色，建筑风格独特，集历史遗存和自然山水为一体，文化景观品位较高，在仡佬族村寨中具有典型性和代表性。

乌江下游的道真大塘村历史悠久，文化底蕴深远而厚重。中华人民共和国成立以前，大塘即是出黔入川的重要交通要道之一，盐油古道在这里拥有1300多年的历史。大塘承受着夜郎文化、马蜀文化和尹珍文化的滋养，倾听着神农氏的传说，走过了千百年的历史，从而积淀了独具特色的民族民间文化。除打闹歌、哭嫁歌、打篾鸡蛋、傩戏等仡佬族传统文化外，更有仡佬山民自创的民间艺曲——花灯戏。其内容丰富，各式庞杂，有传统的正灯，如"盘灯"、"开财"、"万事兴"、"说春"、"说十二花园妹妹"、"上香"、"打梁山"、"拜闹子"等20余种。内容多反映土家人喜庆吉祥、欢度新春、借古喻今、劝人洁身自好、勤劳致富、吟花咏草、寄物抒情托志等。

四、盐运留下的记忆

在渐行渐远的那些岁月里,浩浩乌江舟楫往来,白帆云集,昼夜繁忙的众多乌江码头上,停靠着一只只歪屁股船,从船上卸下的盐巴,连同穿过无数惊涛的盐商、船夫们,一步步登上山城,集镇那一条条悠长的石板小街,于是,这乌江沿岸山城、集镇里,就有了来自陕西、江西、四川、两湖等地的商人,接着就有了热闹的商铺、会馆、盐号。这些至今还屹立在乌江沿岸的建筑,是乌江盐油古道的记忆和亮丽的风景。

乌江——远山的歌谣

在渐行渐远的那些岁月里，浩浩乌江舟楫往来，白帆云集，昼夜繁忙的众多乌江码头上，停靠着一只只歪屁股船，从船上卸下的盐巴，连同穿过无数惊涛的盐商、船夫们，一步步登上山城、集镇那一条条悠长的石板小街，于是，这乌江沿岸山城、集镇里，就有了来自陕西、江西、四川、两湖等地的商人，接着就有了热闹的城镇、会馆、盐号。这些至今还屹立在乌江沿岸的建筑，是乌江盐油古道的记忆和亮丽的风景。

地理迷宫中的古镇

在渝黔交界点的乌江边，凤凰山麓的悬崖峭壁上有一座古镇，叫龚滩。从地形条件来说，这里并不是一个建镇的理想之地，然而，它却占有重要的地理位置，成为渝东南的西大门，也是经乌江北上西出武陵的一条较为便捷的孔道。黔东北各地入渝，也主要通过乌

花灯

江水道。所以,龚滩自古便是一个关隘要冲,是千里乌江盐油古道的身影。

三国时期,刘备就在这里设置了汉复县,距今已有1700多年的历史了。从古至今,龚滩的兴衰全系在乌江水运上,千里乌江,一路奔腾咆哮而来,直奔长江而去。武陵山被乌江由南向北切割成一条长长的陡峭峡谷。阿蓬江也从鄂西南穿山而来,在此与乌江汇聚。龚滩,便隐藏在这两江汇流处的逼仄峡谷之中。

通过乌江,由此上可至酉阳、沿河、德江、思南,下可达彭水、武隆、涪陵。涪陵又以长江之便,上达重庆,下通两湖。这是龚滩这个名称出现以前的情况。

龚滩原叫龚湍,因龚姓巴人家族最早定居在这里,乌江江水又飞流湍急而得名。明万历元年(1573),龚湍所依的凤凰山发生了一次巨大的崩岩滑坡,阻断了乌江,形成险滩,于是龚湍便被人们改称为龚滩。突如其来的这场灾难改变了它的命运。灾难的结果恰

四、盐运留下的记忆

重庆市酉阳龚滩古镇

如《酉阳县志》所载："大江之中，横列巨石，大者如宅，小者如牛，激水雷鸣，惊涛雪喷。"从而形成了"断航滩"。滩长四百余米，水面落差四米多高，流速每秒七米多。滩中大量蛮石堆积，其中又兀立两大孤石，"蓑衣石"和"椅子石"，高出枯水水面六米多，阻断水面形成一米多高的大水坎，使龚滩成为乌江中的三大险滩之一。

面对如此险滩，大船根本不能通行，只有小船靠拉纤能勉强通过。船只上行，必须配成船帮，每帮七八只船。过滩时，船夫需合力为五六十人的庞大拉纤队伍，才能将船一只一只拉过，否则别想过滩。而下行船只过滩前，船主们得先在江边王爷石旁杀鸡而祭，所谓王爷石，就是因为此石有些像镇江神杨泗将军，杀鸡而祭之，就是借镇江神以求平安，而后才敢放船下行。

无论上水下水，载物船只到此必须起卸。而卸载货物均得在此靠人力上下周转，名为"盘滩"，盘滩人稍为迟缓一下，码头上货就堆积如山，上下两个码头，相距七八百米。龚滩镇的居民很多都靠在这两个码头之间搬运货物为生。所以人们又说：龚滩人靠吃滩上两坨"岩包子"过活。这两坨"岩包子"就是江中兀立的"蓑衣石"和"椅子石"。此话让人听了不免感到心酸，然从其无奈中似乎也流露出了些许期盼。尽管搬运是苦力，但毕竟也是生计。

断航对航运而言是祸，但对山民则似乎是"福"，毕竟它使苦难的山民因此而寻到了一条生路，虽然艰辛，却充满了希望。断航，也使龚滩成为渝、湘、黔三省边区商业贸易和货物集散的中心，于是，川、渝、秦、赣等地的商人纷纷云集于此。龚滩因此而民居日盛，逐渐走向繁荣，最后终于商贾辐辏，通江达海。

龚滩的水上运输，上水运进重庆、涪陵、自贡等地出产的川盐、毛烟或生产的百货、布匹、糖食等；下水运出粮食、木材、桐油、茶叶、生漆、朱砂、药材、皮张等土特产品，主要输往长江沿线各大中城市。其中桐油、茶叶、白油、生漆、朱砂和药材等还是热门的外销货。19世纪末20世纪初，重庆的酉、秀、黔、彭及贵州的沿、德、思、印等地的桐油，以运往渝、万两埠出售者，年可达四至七万担之巨。其中的绝大部分，便是经由龚滩转口运出的。自1885年汉口开埠后，英、法、德、日、美等国在汉口建立了炼油厂，大肆收购桐油，加工提炼，输往西欧、拉美。至20世纪初，外商为了争夺桐油，争先恐后在万县设立了众多洋行，进行抢购，不经加工，便直接运输出口，牟取暴利。

渝、湘、黔不产盐，历来有"斗米换斤盐"之说，于是盐便成了龚滩最大宗的买卖。光绪三年，清政府设立了四川盐务总局。光绪十年，陕西帮、涪渝帮等大商巨贾便在龚滩开设了众多盐号，如"天字号"、"利字号"等。民国时期又有"祥发永"、"祥祀"、"吉亨"、"双发河"等盐号相继开业。他们从自流井购进大批川盐，在龚滩进行批发。各大盐号为了扩大经营规模，还竞相在龚滩修建盐库，囤积、储存、转运食盐，其中著名的便有"董家仓"、"友兰店"、"夏家仓"、"罗家店"等多家仓库。至此时，龚滩这个山区小镇已拥塞着一百多家各类商行，包括盐行、油行、粮行、山货行等。其中"大业"、"玉成"、"同益"等十多家大盐号更是生意兴隆，名震一时。"大业盐号"、"久大盐业公司"、"蜀通盐号"还被官僚资本垄断。抗战胜利后，国民政府财政部还专门设立了重庆盐务总局龚滩盐务支局，随之又有一些官商合办的盐号创立。盐务总局还有税警配德式武器装备常驻龚滩，以维护龚滩的商业秩序。

20世纪40年代，运盐的船只急剧增长，至涪陵的下水木船已达两百多艘，短途小木船一百多只。至贵州沿河、思南的上水木船也有六十多只。仅运盐的背夫就达八千多人。狭窄的乌江江面上拥塞着如此多的船只，小小码头和山道上蠕动着如此大量的人群，由此可见当年龚滩经济繁荣的盛况。

所以近代以来"银龚滩，货龙潭"的谚语便开始在渝鄂湘黔边区广为流传。这"钱龚滩"表明了此地人气旺盛，商业繁荣，独领一方。在这个犹如今天的香港、深圳的地方，商人们大施拳脚，因商致饶，已经先富裕起来，而普通百姓也认为这是个挣钱的好去处。

龚滩商业的繁荣不仅造就了一支庞大的商人队伍，还带动了服务业、信贷以及手工业等相关产业的发展。自清光绪年间陕西商人张朋九首设西秦会馆后，其他地方的会馆也着手筹建，像"盐业公会"、"木船帮会"之类的商业行会也陆续产生。货物的仓储、转运，又造就了一支以脚力背夫为主的产业队伍。当年，龚滩镇的劳动人口是"一半经商，一半搬运"。可以说，这支靠劳动力为生的产业队伍是龚滩最早的"无产阶级"。其实，无产者想要在"钱龚滩"挣钱也绝非易事。昔日的龚滩除靠乌江与外界联系外，道路不畅，没有公路，周围都是大山，生存条件极为艰难。有民谣说："养儿不用教，酉秀黔彭走一遭"。在百姓的心目中，这个地方仿佛就是人间的炼狱！龚滩的物资，无论是送往渝境的酉阳、秀山、黔江、龙潭，还是鄂西的咸丰、利川，湘西的吉首、花垣、保靖、茶洞等地，均得靠人背肩扛。在这样的山地，连挑子都是无法使用的，所以龚滩的脚力背夫有个俗称叫"背老二"。无论几十里几百里，盐巴货物两三百斤，往背篼里一装，背起就上路。有人说：龚滩的繁荣，是纤夫和背老二背出来的，这话说到点子上了。

有社会机器在紧张繁忙中运转。龚滩独特的码头经济已经构建，码头文化已经形成，经济发展不经意间却出现了巨大的落差。随着陆路运输的开发和兴起，龚滩渐渐地遭到冷落而"淡出"了长江流域正蓬勃兴起的近代商业竞争的行列。资本主义在龚滩刚一萌芽便夭折，经济的辉光刚一闪动便骤然地暗淡了下去。历史画了一个小小的怪圈，又回到了原来的起点。如今，龚滩成了彭水电站的库区，仿照古镇的吊脚楼群，向岸上整体提升一百米，开发成为文化旅游区，这一旅游度假生态的设想和构建，无疑是一个利国利镇利民的举措。这既注重了对历史遗存的保护利用，也给予了龚滩人现代意义上的人文关怀。它已经营造出一种人与自然、历史遗存与现代文明和谐与互补发展的外部条件，进而产生一种文化、经济、生态发展上的良性循环。

沧桑的乌江盐号

乌江流域，似乎除了地道的木构吊脚楼外，还能见到井院式的封火墙建筑，那便多是乌江盐号。盐号的木构房一窝蜂地朝井院式发展，有的甚至形成多重院落几个天井。这些院子几乎都是一无例外地建有高高的封火墙。封火墙似乎总是和院子联系在一起。登高眺望，你会觉得它简直就像安徽西递和宏村的翻版。这种建筑乌江人称之为"封火桶子"。其实，它也是伞把柱支撑起吊脚楼的另一种版本，不过它是民居与盐油销售点的一种结合建筑，也就更为商业化一些。

在印江的朗溪，现有木结构建筑22842.8平方米，砖木结构18309.4平方米，最高楼层为四层的砖木结构，民房多为以前修建的封火桶子。朗溪现有封火桶子45家，其中保存最为完好的是王家桶子和张家桶子，王家桶子因其地势险又称为高厢房。在这些桶子当中不同程度地保留了"吊脚楼"房、木板结构瓦房、砖木结构四合院的建筑形制和特点，构成了乌江独有的建筑风格和民居特点，极大地保留了土家族的生活习俗，反映了人们在长期的土司制度统治下所处的生活状况和社会环境。

乌江封火桶子独具建筑特色，皆为封火墙围护的四合院。其建筑多为三柱二瓜或五柱四瓜的小青瓦房屋。正房与厢房对天连成一体，梁架结构皆为穿斗式，置龙门于一角，天井内用青石平铺。正房前青石细钻阶沿，客人登堂入室大有舒适之感。正房明间为堂房，置香火牌位，次间为寝室，稍间有的置厨房或寝室。面壁下部为走马板，上部为篱笆粉壁。大门上端书有书法遒劲的"积善家"三个大字，白底黑字，十分醒目。厢房为雕花窗，工艺精湛。正房和厢房的木柱、板壁、门窗均有雕画，充分运用了中国的传统文化。

朗溪是一个有着一千多年历史的古镇，她有悠久的历史和文化，有土家风土人情，有别具一格的建筑风貌。

再就是乌江岸边的淇滩镇的封火桶子也很有特色，淇滩镇的主街宽不过四五米，两边的木层铺面一个挨着一个，门前码架长长的

四、盐运留下的记忆

板摊三脚马、四脚马，供赶场摆摊售货。木屋居多，有吊挂柱的，有雕花窗的，古色古香。风格独具的，还是那桶子屋，两边高墙，飞檐翘角，艳图彩绘，特色明显。

两三百米长街面全部由青石铺就，时间长了，踩的人多了，每一块都光洁如镜。两边林立的是上了档次的房子，不是八字大门的深宅大院，也是花窗亮檐的吊脚楼宇。刘家院子是一字缕花木门，门额上，红军留下的区委会的门牌清晰醒目。门厅宽敞，四合天井亮堂。石雕、木雕，工艺十分讲究。雕有"麒麟送书"、"吴牛喘月"图案的花磉磴，工艺精湛，构图新颖，连地脚石也过了细钻，或回纹或人字纹，装修设计相当细腻。王家院子，八字大门，门厅空旷，正殿、配房在设计上更胜一筹。正殿两边穿牌全部装齐，密不透风。尤其是天井中的两个石花磴，很有特色：高60余厘米，下四方，中八角，相接处为帘状雕饰，上为四方外翻圆形瓦面，创意新奇，工艺独到，实为少见。肖家院子，门朝南开，前为纵巷，牌楼式大门十分讲究。

还有张家院子，门前一个小石院坝，牌楼式八字大门。张宅原

周家盐号

先是淇滩首户，门前有四个石狮：一对雄姿威武的大狮坐守在大门之左右，还有一对抱拳大小的下山狮立于两门石方的半腰。天井中那两对石花礅，瓜状花雕，工艺精良。尤其是正殿右房内的两块长3米、宽1.1米的金字巨匾，一匾行书"富有日新"，运笔自然，力透纸背，当属上乘书法；一匾楷书"金镒流晖"，笔酣墨饱，雄健浑厚，端稳威严，一看便知出自巨擘名家。

淇滩古镇由于历史悠久、集市繁华，多有米粮、畜牧和桐柏集散。同时还聚集了许多能工巧匠，铁器具制作、铜银饰加工和竹木器编造远近有名。如今古镇建筑保留完好，民族特色浓郁，宅院装修设计精美，工艺精湛，文化底蕴丰厚，是乌江边上不可多得的观光景点。

一般来说，凡有这种封火桶子建筑都是经营食盐的场所，即乌江盐号。当然也有类似的院子为民居、会馆或宗祠，但毕竟数量不多，且并非都是一个个封闭的空间。乌江盐号一般都有一正两横，一个天井坝，然那临江的一面却都是全敞开的，室内空间与室外空间，院内空间与院外空间彻底融合。凭着那低矮的石坎，便可饱览江岸风光、一江秀色。

乌江是长江右岸最大的一条支流，自然成为东西文化的纽带。封火墙主要分布于长江流域，东达海岸，西至四川盆地均有分布。而最发达的地区当属皖南，皖南或许是它的诞生地，并由此向外辐射，当然这还不能成为最后定论。但土家建筑的封火墙，显然是受东边来的文化影响。乌江的民居，封火墙则已遗存不多了，倒是乌江人建造的盐号、川庙、会馆，还给乌江留下了一个个能证明其文化来源的例证。

天井则是从北面传来。天井的封闭性特征暗示着它是由远古的穴居演变而来。穴居本是北方原始居民的居住传统。乌江的井院合围式干栏建筑，表明了它是由南下的天井和东来的封火墙加上自身的干栏式建筑三合一的产物。

当然，天井很可能也是经由东边转徙而来，因为在皖南，天井已经和封火墙紧密地结合在了一起，而且是那样珠联璧合，那样完

美无缺,显然是经过长时期的糅合而本地化的。天井不是长江流域的土特产,却可能和封火墙一起传入武陵山区。

如果说,北方的四合院体现了儒家"礼"制的尊卑秩序,徽州民居显露的是商人唯利是图、寸利必得的心理特征,江南水乡民居透露出的是传统文人清悠闲适的雅趣,那么,这武陵深处的乌江盐号则充溢着一种道家哲学朴素淡泊和超逸清远的精神气质。

原先像这样带有封火墙的四合院的盐号建筑,在武隆、彭水、龚滩、淇滩、潮砥、思渠、洪渡、沿河、思南等地随处可见。然而,物换星移,风流方散,昔日的辉煌已渐渐淡去,乌江盐号终于蹒跚走到了今天,所剩无几。能像思南周家盐号这样完整保存下来,更是少而又少了。清道光年间,周镐璜耗资3万两银圆,在思南当时最繁华的城南黄金地段修建了这个商住两用的"和顺盐号",这间盐号建筑坐落于繁华的安化街,坐西向东,占地1500平方米,大小居室30余间,由正堂、南北厢房、对厅、盐仓、厨房、龙门等组成。如今龙门已毁,所幸其余建筑保存完好。

周家盐号是乌江盐号的代表,其四合院的正房、南北厢房围绕中间庭院形成了平面布局,正房建于料石砌成的台基之上,规模尺寸都比其他房屋稍大,正中一间内缩数尺为"吞口",内为堂屋,正面香盒(神龛)供奉祖先牌位,屋内摆放桌椅,供家人起居、亲友聚会,年节时设供祭祖,两边是主人卧室。建筑处处暗含风水,如正屋三间开门就有讲究,只有正中的堂屋一间向外开门,其余两侧的两间房门只能开向堂屋,形成套间,格局一明两暗。院子两边的南北厢房,完全对称,建筑格式也大体相同或相似。正房和厢房之间建有走廊,保持了组合建筑之间的联系,又可供行走和小憩。中间的庭院是四合院布局的中心,宽敞的院落里花木扶疏,采光通风,可供全家纳凉沐雨、休息、劳动。院内石板铺地,阶檐石精雕细凿。周家盐号四周屋子各自独立,又巧妙利用回廊相连。驻足院中,但见四面房门都开向院落,而院落四水归堂,天圆地方,宽绰疏朗,各种花木绿意盎然。倘若全家几代同堂,大隐于闹市,享自然之至美,天伦之乐,其趣融融。所谓良辰美景,无非如此。盐号既是居家之

四、盐运留下的记忆

思南万寿宫,即江西商人入驻乌江沿岸进行商贸活动的办事处,乌江城镇均有之。该建筑为国家重点文物保护单位

万寿宫的太平缸

所，也是囤货之地。盐仓忌潮湿，所以盐号整个建筑的排水系统非常重要。院子地下有一暗沟，所有的排水孔汇聚于此。这个排水系统极具科学性，使盐仓具有较强的防潮能力。盐号虽为商住建筑，却也蕴含丰富的地域文化信息，富有浓郁的艺术性。乌江民居讲究风水，盐号的坐落朝向是经过堪舆师精心指导布局的，"四水归堂"也符合风水理论，其实风水就是中国古代的建筑环境学，盐号的木雕彩绘也处处体现了乌江的民俗民风和地域文化。盐号内到处是古朴的木雕与石雕。图案以各种吉祥图案为主，如以蝙蝠、寿字组成的福寿双全、四季平安、犀牛望月、野鹿衔花、梅兰竹菊、龙凤麒麟等，表现出对幸福美好生活的追求。木雕栩栩如生，图文并茂，风雅备至，充满浓郁的文化气息。其中的浮雕、镂空雕等工艺复杂精湛，甚至有些草木花瓣和动物五官都清晰可辨。按照最先的构想，对称的两边厢房也许是子孙读书之所，所以窗上的木雕是不太多见的"冰裂纹"，其"寒窗苦读"的寓意让人感慨用心之良苦。让人回味无穷的是那钱凳腿脚上的雕刻"巴蛇吞象"，它既象征着巴文化深厚的内涵，又表达了商人追求最大利润的愿望。正房堂屋前的窗棂上，雕刻着"创业惟艰，守成不易"等家训，这也许是要子孙永远记住，周家祖先为建盐号，曾历时3年、拖坏3条木船、穿烂3双钉鞋这些刻骨铭心的创业往事。

曾几何时，从重庆涪陵到贵州思南，乌江盐油古道上的盐号星罗棋布。仅思南一地就先后存在过70多家盐号建筑，但时过境迁，万家灯火多已烟消云散，前几年，在思南还可以看到大业盐号、程家盐号，如今只剩周家盐号了。这座硕果仅存的古建筑，历经战乱、文革和旧城改造的多次险象环生，最终劫后幸存，并被定为第六批全国重点文物保护单位。

乌江盐运的象征

当我们穿过乌江无数惊涛，一步步登上山城、集镇那一条条悠长的石板小街，走进那些高墙深院的会馆，身心似乎回到了遥远的岁月深处，一座座古朴的四合院落，四围瓦房严整，阳光从天井上射进来。市井的喧嚣被四周高墙所屏蔽，时光变得深邃起来。

所谓会馆，是指同籍贯或同行业的人在外地设立的机构，它建立起馆舍，供同乡同行聚会和寄寓之用。会馆的建立，使旅游于他乡的人"籍有稽、游有业、困有归也"。在明代，同乡商人在乌江建立会馆似乎已成为一种惯例。它是乌江封建社会末期资本主义商品经济发展的必然产物。受川盐运输的拉动，乌江商贸繁荣，人丁兴旺，吸引了大量客商蜂拥而入，云集乌江沿岸，以今江西、陕西、四川（含重庆）、两湖（湖南、湖北）商人为最，会馆建筑也应运而生。几乎普及沿江集镇，最有名的就是江西商人的万寿宫、陕西商人的西秦会馆、四川商人的四川会馆、两湖商人的两湖会馆或禹王宫、福建商人的妈后会馆，等等。

现在保存比较好的会馆还有龚滩的西秦会馆、石阡、思南、板桥、文家店等万寿宫。龚滩的西秦会馆，自然是陕西商人在龚滩所建立，它是龚滩向近代商品经济迈进的一个标志，它表明陕西的商人曾经在龚滩乃至乌江流域形成了一个较大的集团，或者说，陕西商人已以群体的力量占据了川、黔边这个巨大的商业舞台。所以本地人将陕西商人称为"陕西帮"。

清光绪年间，陕西商人张朋九最先来龚滩开设盐号，经营川盐生意。其后继之人不仅经营盐业，还经营起了供出口的桐油、生漆、茶叶及山货等，成为龚滩的一大巨商，名震川鄂湘黔。张朋九并亲自经手修建了西秦会馆，作为同乡商人的聚会之所，也作为自己的大本营，还在主殿中供奉着自己家族祖先的灵牌。西秦会馆平时用于商务，年节时还过会三天，邀请当地政界、商界人士及士绅赴宴、观会，热闹非凡。

因会馆的建筑格局和形制与一般寺观庙宇基本相同，且红粉涂墙，故本地人称其为"红庙子"。

西秦会馆建筑宏伟，规模气派，在龚滩的民居群落中，鹤立鸡群，居高临下，让人在仰视中感受到它的气派和堂皇，从宽大的石

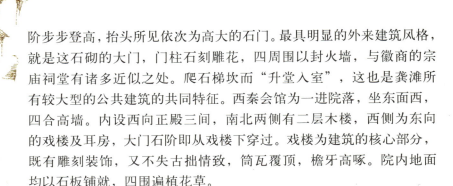

阶步步登高，抬头所见依次为高大的石门。最具明显的外来建筑风格，就是这石砌的大门，门柱石刻雕花，四周围以封火墙，与徽商的宗庙祠堂有诸多近似之处。爬石梯坎而"升堂入室"，这也是龚滩所有较大型的公共建筑的共同特征。西秦会馆为一进院落，坐东面西，四合高墙。内设西向正殿三间，南北两侧有二层木楼，西侧为东向的戏楼及耳房，大门石阶即从戏楼下穿过。戏楼为建筑的核心部分，既有雕刻装饰，又不失古拙情致，筒瓦覆顶，檐牙高啄。院内地面均以石板铺就，四围遍植花草。

其实，早在张朋九前的明朝时期，江西人就在乌江盐油古道上的重要商埠思南建了万寿宫。今天的人们来到思南，只需爬上一坡高高的石阶就可走进万寿宫高高的山门、壮观的石制牌坊和封火高墙。跨进大门、穿过门楼，已进入万寿宫的主体建筑。正殿高高矗立在石砌台基上，殿前是宽大的天井，站在正殿环顾左右，两边是厢楼，与正殿相对的是门楼。门楼造型古雅，木质斗拱支撑起高大屋顶，飞椽翘角，柱子是如今难得一求的巨大实木，颇为壮观。二层的戏台，供演戏娱乐之用。四周屋檐相连，门楼与两厢栏杆相接。木窗的花鸟人物浮雕、镂空雕工艺精湛，栩栩如生。正殿之后是神灵所居，有观音堂、关圣殿、紫云宫、梓潼宫，众神们会聚一堂。与神灵相伴的是人间烟火，左右有僧舍和客厨。建筑四周，则是封火高墙，一个自成一统的四合院落。

思南万寿宫，几经变迁。最初是祠堂，古称水府祠或英佑侯祠。在思唐镇三层楼街道之外，今已难寻踪迹。宋末时期，乌江航运繁忙，思州运使庞恭孙专职督办思州所辖各司贡品运输，以及川盐入黔的事务。为祈求水运安全，特令地方长官在乌江沿岸的思南、沿河等地修建水府祠祭祀水神，祭祀的神灵是肖英佑侯。但在明正德五年（1510）所有建筑毁于洪水，保佑凡人的神灵们竟然自身难保。于是，明万历二年（1574），思南人异地重建，在今址修造了水府祠，祭祀神灵也增加到三位，即许仙、肖英佑侯、晏平浪侯。

朝代更迭，清康熙六年（1667）思南守将宋荫又弃用此祠，重修三层楼外的水府祠，此地就被闲置了。到清康熙二十三年（1684），江西巨商荀士英等主持集资，以旧祠为基础，略作扩展，将其修葺一新。清嘉庆六年（1801），实力不断壮大的江西商人又重募巨资，增其旧制、扩大规模，建筑面积2400平方米，整个建筑雕梁画栋、富丽堂皇，以此作为江西人的会馆，并更名万寿宫，沿用至今。

而始建于明末清初的石阡万寿宫，也是依山而建，由西向东，渐次升高，占地面积2900余平方米，为二进院落，高封火山墙，四合院式建筑，正门为六柱三门牌楼式石拱门，江西人巧妙地将牌坊、大门、山墙结成一体，悉以青砖仿木雕刻垒砌，既美观实用，又劳工省料，还有良好的防火性能。其正门、斗拱、翼角、大小额匾及四周的人物花鸟图案，均精雕细刻，中门小额匾中阳刻"万寿宫"三个斗尺大字，四周镂雕五龙拱福，山门两侧"丹凤"、"云龙"绕护，双狮旁立，高达两米左右，庄严肃穆。从正门进入院落，建筑由东、西两部分组成，西部为大门倒座、厢房、戏楼及长廊；东部则由三路建筑组成，即北路的紫云宫，中路的过厅、正殿和南路的圣帝宫。紫云、圣帝二宫，大门与万寿宫正门无异，二宫又同为二进高砌封火山墙四合院，由门罩、钟楼、鼓楼、过厅形成一个四合院布局；由过厅、正殿、两个平台及排水沟形成另一个四合院布局。由此而形成了院中带院、宫中套宫、墙内有墙的独特的平面结构形式，既能独立成院、成宫，又保证了整体建筑的视觉美、协调美。

戏楼位于西部正中，正对东部中路万寿宫过厅、正殿，与之为同一中轴线。其中，有石铺大院及厢楼长廊，上层为隔扇门窗及雕花栏杆，下层为亮柱走廊。戏楼前伸，三面可观，两侧各有附台，形如"凸"字状，后台与后侧二层游廊连为一体。屋面为歇山青筒顶，两侧各加一小青瓦披檐，戏楼正脊脊刹高达两米，云龙卷草缠绕其间，两端鳌尾高翘；垂脊、钱背及翼角间塑彩色人物、龙鳌、狮兽、卷草，更是惟妙惟肖。如意斗拱之下三块额枋分别为"两龙戏珠"和两侧面的八仙木质浮雕。戏台对联为"束带整冠俨然君臣父子，停锣息鼓谁是儿女夫妻"。两侧附台对联为"从南抚临瑞吉以来游萃五府人才于兹为盛，合生旦净末丑而做戏少一个角色便不足观"。

此联记叙了乾隆年间五府捐资改建万寿宫这一重大历史事件。戏台之下额枋为三国戏文故事，形象生动，栩栩如生。

无论是龚滩西秦会馆，还是思南、石阡万寿宫，都透视出明清时期乌江地方的开放性与文化的多元性。的确，那时乌江虽处西南边远，却有着海纳百川的胸襟和视野，以及文化的包容与豁达。

川黔文化交融的见证

千里乌江，尤其是乌江中下游沿岸川主庙特别多，至今在重庆的武隆、彭水、龚滩，贵州的沿河、思南、石阡等多处尚存。川主乃四川本土之神，是李冰的神化。李冰为战国秦昭王时的蜀郡太守，因修建都江堰而名垂千古。史载其"凿离堆以灌溉诸郡，沃野千里，而无水患"。李冰治水，变水患为水利，造福于民，故被川人神化而奉为"川主"。在四川的土地上建川主庙，一点也不奇怪，但它却在贵州境内的乌江沿岸随处可见，这就让人有些费解了。其实道理很简单，乌江水急滩险，常有水患，修建川主庙，岁时祭祀，希图借李冰之神力而变水患为水利，这定然是乌江人建庙的初衷，也是川黔文化交融的结果。

龚滩的川主庙自然就建于老街地理位置的中央，这体现了一种中原文化的"观念模式"。尽管龚滩的地理环境不适宜建设大型庙宇，然人们还是辟出了一块相对宽阔的地方来建了一座并不算大的川主庙。

龚滩川主庙始建于清道光五年十二月，迄今已有180年的历史。它系砖木结构，门前数十步台阶直通内庭，大门石刻楹联花雕，门柱两边还一度建了双土地菩萨像。龚滩川主庙与中国其他地方的宗教庙宇结构大致相同，只是受到地形限制而规模不大，然而，在四川境内，它只是人们一个灵魂的寄托所，比如武隆、彭水、龚滩的川主庙。然而到了黔省境内，正如前面所说，它的功能，就不仅仅是寄托所，而它还兼有文化交融的任务。

龚滩川主庙是一个院落结构体，中间天井为一个较宽敞的活动空间，是乡民们进行祭祀和举行其他活动的场所。东面为正殿三间，中堂曾供有李冰之子李二郎塑像。至于为何不供李冰而仅供其子，龚滩没有人能说清楚。人们将李二郎神化而称为"二郎神"，终于使信仰的对象变成了另外一个人。后又改供木质刘备雕像，乡民们称其为刘备菩萨。西侧为戏台，楼沿曾有花板，雕有"甘露寺"、"三英战吕布"、"煮酒论英雄"等三国故事。可见这边鄙之地乡民信仰的混乱。戏台灰砌筒瓦封顶，翘角风铃，中竖方天画戟，直指苍穹。全庙建筑格局左右对称，四面合围，形成天井。

　　现在，川主庙仅一座带耳房的戏楼，一个看台（正殿），两旁连厢房也没有。而思南的川主庙相对保持完整一点。在思南，川主庙，又称川主宫、四川会馆或川神庙，是四川人祭祀和会聚之所。思南人盛朝辅在《募建禹王宫序》中写道："秦人之祀关帝，则曰三陕会馆；蜀之人祀二郎，则曰四川会馆；江右之人祀肖、晏、许仙，则曰豫章会馆。"

四、盐运留下的记忆

思南中和山，是明代著名理学家李渭（王阳明的再传弟子）的讲学之地，名为"中和书院"，现为佛教圣地

乌江——远山的歌谣

　　思南水通巴蜀，山连荆楚。因为盐运的历史需要，形成了从四川自贡经长江、乌江进入贵州，辐射黔东、湘西的一条盐运古道，这也是一道意义深远的江河文化走廊。而乌江航运的兴旺催生了思南的繁荣，五湖四海各路神仙云集思南也就不足为奇，其中，当以四川（含重庆）人为最。不仅有腰缠万贯的盐商，还有更多筚路蓝缕的普通川人。据《思南府志》记载："弘治以来，蜀中兵荒，流移入境，而土著大姓将各空闲山地招佃安插，据其为业，或以一家跨有百里之地者。流移之人，亲戚相招，缊属而至，日积月累，有来无去。因地产棉花，种之获利，土人且效其所为，弃菽粟而艺棉。"可见，川民的涌入，不仅使这里农业生产得到了一定的发展，生产关系也起着一定的变化，而且还带来了种棉技艺，得到推广，获利甚厚，也带来了先进的文化。这样，川主庙的存在，就是一种历史佐证。那些怀着打拼梦想的四川人背井离乡，远赴略显荒蛮的乌江，也许确实需要这么一个精神家园，寄放他们的归心与乡愁。

　　思南川主庙依山而建，背倚白虎岩，前临乌江，利用地势的天然坡度，建筑自下而上渐次升高，坐南朝北，因地制宜，布局上匠心独运。不独具有传统建筑特征，还有思南山城建筑的地域特色。

　　整个建筑群占地面积约1500平方米，建筑面积800平方米。由正殿、前殿、两厢组成一个四合院落，建筑平面呈长方形，讲求中轴对称。可惜前殿被拆，现在仅存正殿、两厢、抱厦和后殿，原有风貌犹存。

　　明嘉靖《思南府志》载："六月二十四日，七月二十二日，为土主，川主生辰，居民均有盛装庆神之举。"至今，思南还有七月二十二日祭祀川主的习俗。

　　正殿建在石砌台基上，共有五间，长18米；进深三间，长6米。穿斗、抬托混合木质结构，歇山青瓦屋顶。殿前饰垂带踏跺，两侧浮雕八仙图案，工艺精湛，栩栩如生。院落地面铺砌石板，木柱与木板都曾涂有桐油。

　　会馆建筑必有神灵护持，历史上的李冰父子因为治水的丰功伟

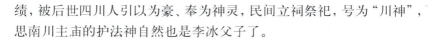

绩,被后世四川人引以为豪、奉为神灵,民间立祠祭祀,号为"川神",思南川主庙的护法神自然也是李冰父子了。

作为乌江流域硕果仅存的几座会馆之一,川主庙是乌江流域商贸繁荣与文化交融的历史见证,它见证了乌江航运和盐油古道的兴衰,传递着丰富的历史经济文化信息,对研究乌江古代宗教、建筑,以及人口迁徙、民族融合等文化事象,有着重要价值。

斗转星移、时过境迁,当年的客居者他乡变故乡,早已成为思南的主人,"四川"一词也已淡化成一个祖籍符号。寂寞川主庙,渐渐门前冷落鞍马稀,只有"德水东边旧时月,夜深还过女墙来"的川主庙对联,伴着乌江哗哗涛声,度过茫茫的岁月。

凝结在乌江岸上的儒家文化

文庙,是儒家的圣殿,文庙在乌江的设立,是儒家文化进入乌江流域的标志,是乌江的历史的里程碑。随着乌江盐油古道的繁荣,儒家文化伴着千帆竞发的盐油古道进入乌江。到了明末清初,几乎州府县均有文庙,然而,如今保存较好的已经为数不多了。

安顺文庙,也就是当年的安顺府学宫。它始建于明朝洪武年间,至今已有600多年的历史。600年的沧桑,几经毁坏、重修,仍基本保持明代的建筑风格,是乌江保存最完整的文庙之一,文庙在全国不知有多少,可是,像这种以石头建筑为主的文庙却是凤毛麟角,是乌江石头文化与中原文化完美的结合,堪称西南一绝。

文庙建筑都是很规范的,主体建筑都摆布在中轴线上,左右对称,层次分明,中心突出。入"礼门"、"义路"为第一进,过"棂星门"为第二进,进了"大成门"为第三进,主体建筑大成殿就在这个院落的正中,殿后为第四进。不过,安顺文庙因选址在一个山坡上,四个院落依地势逐渐升高,不但使它的层次感更加分明,而且使大成殿显得更加庄严、雄伟、气派。

黉学坝东北方向立着的"金声玉振"石牌坊是文庙的入口处,

乌江——远山的歌谣

思南府文庙大殿

思南府文庙有水三洞桥

坊后有一台阶，原立有一座高大的照壁，两端为"德配天地"与"道冠古今"的四柱三间冲天式石牌坊。墙下立着一块"下马石"，上面刻着"文武官员在此下轿马"。看来，在此"下马石"面前是"人人平等"的，平民百姓或者秀才、举人、进士、状元，乃至文官武将都不例外，所以我们也只好下车走进去了。

在高耸的宫墙两侧辟有垂花门，左边为"礼门"，右边为"义路"，人们都得循规蹈矩地从这里走进去，绝对不许喧哗。第一进分为上下两院。下院中间有一个半圆形的池子，称为"泮池"。池上有石桥，桥孔上嵌有石龙头和狮子头，木桥边和池畔都围着镂空的石栏杆。过去，中了秀才的人，必须围着桥、池环游一圈，谓之"游泮"，所以，"游泮"二字便成了秀才的代称了。上院右侧为明伦堂，学官的衙门就设在这里。

泮池上方，建有一个两米高的石台基，耸立着一座雄伟壮观的雕花石牌坊，坊柱下为须弥座，柱的前后为抱鼓石，柱顶有望天狮子，这里便是"棂星门"。请大家注意，坊上刻有二龙戏珠，坊栏上刻着许多人物故事，描写的是从发蒙、读书、应考到功成名就的过程，意在鼓励人们上进。在这个开阔的石院坝里，左侧为乡贤祠，右侧为名宦祠。东西两端各有一个重檐歇山顶阁楼，左边名为奎文阁，又称榜亭，是科举张榜的地方；右边名为尊经阁，用以收藏儒家经典。

前面有九级石阶，上面建有面宽五间的"大成门"，又称"戟门"，表明进入了最神圣的地方。明次三间为门厅，左梢间为文官厅，右梢间为武官厅。这里最引人注目的是明间前面那对檐柱，它由大可合抱、高达3米的一块巨石雕刻而成，驮在两个石狮子背上，狮首相对，龙身腾跃，造型生动，气势非凡，刚劲有力。这两根龙柱虽然精美，但更好的还在后边。

大成门内是一个宽广的四合院，它由天子台、大成殿、东庑、西庑及钟楼、鼓楼组成。进入大门首先看见的就是天子台，高两米，周围砌有镂空雕花石栏杆。这里原有两株桂花树，据说一株是金桂，另一株是银桂。如今存活的是金桂，状如伞盖，终年浓郁，八月桂花开放时香飘满院。

乌江——远山的歌谣

与天子台紧紧相连的是大成殿，又称先师殿。它是一幢长五间的歇山顶式石木结构大殿，祀奉着孔子及十二个弟子的牌位。大成殿前面是一列透雕的落地门窗，庄严而雄伟。

殿前明间檐下的这两根大柱子，是用两块巨石透雕镂空而成的盘龙大柱，柱高5米，直径约80厘米，柱基为一对石狮子。

这样大的石料，把它从山里运来，又要一锤一钻地把它全身雕空，真不知要花费多少工夫。这龙柱工艺精湛绝伦，玲珑剔透，婉转空灵，不但冠绝乌江，就是与北京国子监的龙柱相比，也毫不逊色。

两条巨龙盘曲对起，昂首向上，张牙舞爪，神气活现，大有上天入地、呼风唤雨的气势。龙身为祥云缭绕，双龙仿佛从天而降，拨开云浪，凌空入海。柱下的石狮子，一雌一雄。雄狮脚下踏着一个绣球，雌狮的怀里哺育着一只小狮。它们口里含着一粒弹丸，形如巨卵，滚动自如，欲呼又吐。这种既可活动又不致掉出的弹丸是怎样雕出来的呢？至今还没有得到满意的答案。石狮四足稳健蹲地，昂首奋吼，背负着万钧龙柱，实在太精妙了。

思南府文庙始建于元代的府文庙，原是思南宣慰使田氏土司田宗鼎的豪宅。明永乐十一年（1413），思南宣慰司改设思南府，思南成为西南最早改土归流的地区，直接归封建中央王朝管辖，田氏土司被革除法办，家产充公，其宅也被辟为文庙。

明永乐十三年（1415），思南府将设于河东万圣山麓的宣慰司学搬迁到此设立思南府儒学。明成化和正德年间先后两次重修。明嘉靖元年（1522），知府李文敏大兴庙宇，扩建规模，按照文庙规制重建，规模渐盛。经过明清时期的十多次扩建，到清嘉庆十二年（1807），才形成较大规模，成为贵州最大的文庙。明清两朝皇帝都高度重视文庙的潜在作用，先后多次"御赐"匾额，计有康熙二十三年（1684）的"万世师表"，雍正四年（1726）的"生民未有"，乾隆二年（1737）的"与天地参"，嘉庆四年（1799）的"圣集大成"，道光元年（1821）的"圣协时中"等。

府文庙坐西向东，规模宏伟。前临文化街，后抵府后街思南中学校园，总面积约 3 万平方米。一道青瓦红墙，将府文庙与市井隔开。由外入内，左为礼门，右为义路，而"一应文武官员至此下马"的石碑，让我们对久违的儒家礼仪有了直观的感受。

进入礼门义路，迎面是石院、泮池和横跨池水的三栋石拱桥，装饰着雕花栏杆。泮池有水，水上有桥，景观中也渗透着儒家的教化思想。桥有三座，正中一座是状元桥，古时只有中举的士子和官员才能从此桥进入，类似于今天的红地毯了，是一种荣誉和身份的象征。

拾级而上，登上 40 余步石阶，穿过棂星门，来到大成门前。大成门取"大成至圣至贤先师"之意。门前有椅，可供小憩，跨进大成门，才是文庙大院。大成殿雄踞其上，占据院子的绝对中心，四周皆是木质建筑，与大成殿相对的是大成门，两厢分别是左庑和右庑，原供奉有孔子 72 弟子牌位，常年香火不断。

四栋建筑构成了传统的四合大院，院子的地面为料石铺砌，宽约 600 平方米。大成殿，是祭祀孔子的重要场所，又叫先师殿。高约十米，建筑面积 426 平方米，为歇山穿斗式单檐殿，青瓦屋面，葫芦宝顶。前廊六棵檐柱，雄狮抱柱，麒麟献瑞，还有镂雕龙凤，竹梅花鸟等精美图案，雄伟气派，宝相庄严。特别值得一说的是，三面砖砌殿墙上还有明弘治四年（1491）和明正德十六年（1521）的青砖。

由大成殿两侧，可入后院的崇圣祠、追封殿。两栋建筑物都是青瓦木壁，漆雕花格门窗，古色古香。此外，府文庙内还收藏有十多块明清时期的古碑，如明李渭撰《思南府学碑记》等，其建筑规模是乌江现存古代文庙中最大的，具有较高的文物价值。它与安顺文庙都被列为全国重点文物保护单位。

船帮心灵的圣殿

王爷庙，这名儿有些奇怪，让外地人不知所云，然而，它确实是乌江文化的特产，是乌江盐油古道上劈波斩浪的船帮们心目中的

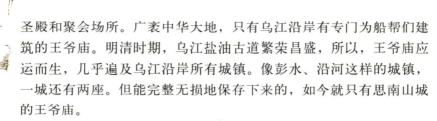

圣殿和聚会场所。广袤中华大地，只有乌江沿岸有专门为船帮们建筑的王爷庙。明清时期，乌江盐油古道繁荣昌盛，所以，王爷庙应运而生，几乎遍及乌江沿岸所有城镇。像彭水、沿河这样的城镇，一城还有两座。但能完整无损地保存下来的，如今就只有思南山城的王爷庙。

思南王爷庙位于城南白虎岩下的乌江岸上，是国家级重点文物保护单位，它始建于明朝中叶，后"大水冲了龙王庙"时，被洪水冲毁，现存建筑为清光绪二年（1876）重建。

王爷庙不供佛爷，也不供儒生，更与道家无关，那么它供奉的究竟是何方神祇？它供奉神爷，与乌江航运密切相关，与乌江航运的劳动人民有关。明清时期，大量川盐从涪陵溯江而上进入黔东北和湘西，商贸日益兴旺发达，而乌江航道险滩密布，恶浪滔天，船毁人亡的悲剧时有发生。乌江船人需要一位能镇守江河、保佑行船平安的王爷，于是他们从神谱里的众神里，终于找到了杨泗将军。

杨泗将军便很幸运地成了王爷庙祭祀的神灵，行商、船帮心目中的精神支柱。就连乌江边兴建的镇江阁以及王爷石所祭祀的神灵，都是杨泗将军。杨泗究竟何许人也？两湖地区赫赫有名的水神。相传唐宋年间，江中恶龙作孽，为害一方。一位皇帝乘船过江，恶龙兴风作浪，掀翻了皇帝的"龙船"，年方16岁的杨泗跃入江中与龙恶战，皇上得救，杨泗遇难。后来，皇帝追封杨泗为平浪王，立庙祭祀。明清时别，乌江盐运经济的繁荣，使得大量湖广人氏进入乌江流域，将其原居住地的水神信仰也一并带入思南。

每年农历六月初六（即杨泗生日）为王爷会，是米粮业、行商、走水船帮行会。乌江船帮须打酒、割肉、杀鸡，还要敲锣打鼓、鸣放爆竹，抬整猎整羊去王爷庙举办王爷会，祭拜杨泗王爷。祭祀时，要焚香，点烛杀鸡是祭拜杨泗王爷中最有特色的一项仪式。鸡要大红公鸡，并要威猛雄壮，富有生命活力，将鸡杀了后，将血涂在船头，鸡毛贴船尾，再挂上长钱以表示祈祷。随后，还要请人吃饭喝酒，共同祝福平安。船帮在崇拜自己的神灵杨泗王爷时，比较虔诚，因

四、盐运留下的记忆

印江官寨土司衙门旧址

为杨泗王爷是保护他们生命平安、行业兴旺发达、财源滚滚的象征，是他们心目中的偶像和精神支柱。

其实，任何行业办会除祭祀本行业的祖师爷外，都要祭祀财神和镇江王爷。作坊、商店的学徒都要交敬神会的股子钱和在神前叩头才算入帮。"吃饭要上粮，买卖要帮会"乃是清代和民国年间做生意的习俗和帮规。

至今，乌江还有放河灯的习俗，每年农历六月初六，思南中和山华严寺的和尚居士就会扎好五颜六色的彩色纸灯，内点蜡烛，放入乌江之中，同时焚香化纸口念佛经，这就是为了纪念杨泗将军。

思南王爷庙背倚悬崖，前临江水。阴阳五行之说："金生于水"，建庙于峡谷出口河流迁阔之处，暗含平安、紧锁财运之意。两进四合院建筑，雕梁画栋，富丽堂皇，四周封火高墙。由外而内依次为山门、戏楼、正殿及两边厢楼、后殿、僧舍等建筑，占地约600平方米。有两厢、抱厦、正殿、僧舍等，正殿雕刻非常精致，穿斗抬

乌江——远山的歌谣

思南王爷庙

梁混合式木结构，悬山青瓦屋顶，昔日辉煌依稀可见。

王爷庙结构紧凑、雕刻精细，其精美的建筑艺术与祭祀文化，融合了巴楚湖湘诸多地域的文化特征，集江河文化之大成，是乌江文化的又一历史积淀，对研究明清时期乌江经济文化、宗教信仰、社会习俗、风土人情、建筑艺术等，都有重要的史料价值。

依山傍水土司庄园

在乌江上游有一座山城，名叫毕节。它是乌江上游川盐入黔的重要集散地。就在山城东北100千米处的龙场大屯村，深藏着一座阔绰的庄园，它就是彝族扯勒部余氏家族的大宅院。庄园依山而建，前低后高，像是安放在山间的一张太师椅，占地5000平方米。四周围有高大的砖墙，还耸立着6座大碉堡。碉堡高8～10米，当年有头扎英雄结、身披"擦尔瓦"（披毡）的武士守卫，戒备极其森严。

这个彝族土司的大屯庄园，已有400多年历史，现定为全国文物重点保护单位。

偌大一个院落，由左、中、右三列房组成，每列各有三进，它们各自独立而又互相连通，宛如一座城堡。堡中的建筑，类似江南庭院，房屋错落有致，回廊沟通，有天井、花园、鱼池，又像是一个书香人家的宅院。

从正中一路走进去，迎面是一个高约两米的石台基，上面建有面宽五间的大堂，一楼一底，楼上为藏砚楼，前、后、右三面都以回廊相通。升堂入室，可达二堂，而正堂建在第三进，后面有三级花坛，种植各种花木。看来，这里是当年土司的公堂，土司坐在堂上处理事务，颇为威风。

左边一路也是三进，前面是达官贵人的轿厅，中间是迎来送往的客厅，客厅后面为花园，供奉祖先的祠堂就设在里面。客厅题为"蒙雅堂"，陈设典雅，挂着许多书画。花园名为"亦园"，也很精巧，内有双环鱼池，两侧是长方形的花坛，池上有称为"吴王靠"的廊桥，闲暇时可坐在桥上观鱼赏花。

右边的一路大概是土司家眷的住地吧！主体建筑为"时园"，园中有三个花池，那座形如阁楼的房子，上下两层，四周都有栏杆，是太太、小姐的绣楼。围绕生活需要，建有客房、仓库、碾坊等建筑。

这个大宅院的主人，原来是四川永宁（今叙永）土司的后裔。那永宁土司曾经风光一时，掌管着赤水河两岸大片土地和人民，世代为官，犹如霸占一方的土皇帝。到了明末天启年间，永宁宣抚司使奢崇明，与水西（今毕节地区）的土官安邦彦联合起来，共同起兵反明，史称"奢安事件"。彝族自来尚武，兵强马壮，一时间军威大震，发兵围攻贵州省城贵阳，又去攻打四川省会成都，闹得朱家天子不得安宁。明廷调集几省兵马，用了几年时间才将这次战乱平息。奢崇明被杀，参加反明的儿子、家属自然也受牵连。他管辖的地盘收归国有，由朝廷派官治理。永宁土司衰败，又是朝廷钦犯，所以子孙都只好隐姓埋名，逃往四方。奢崇明的第三子奢辰改名为

余保寿,他在清朝初年归顺新的朝廷,被安置到龙场的卧龙河居住。他的第三子不知为何又改姓张,取名张翔,于康熙年间来到大屯,成了这个庄园的第一代主人。

张氏传了六代,到第七代时复改称余氏。也许是家道中落,也许是不愿再卷入复杂的政治斗争,从第七代余家驹开始,便隐居不出,以诗书传家,于是培养出一代又一代诗人,形成了一个彝族诗人群。余家驹,字白庵,曾为道光年间的贡生,但他无心做官,隐居家中,以诗酒为乐,著有《时园诗草》二卷,以诗歌来描写乌蒙山区奇险的山水,吟咏彝家的风土人情。他的诗,"雄观浩荡",别开生面,他的《时园诗草》大概就是在那个被称为"时园"的庭院中写出来的吧!

余家驹之子名叫余珍,字子儒,号宝斋,彝名叫做龙灼。他本有一番创建功业的抱负,做过土千总,但郁郁不得志,闲坐家中品茗作诗,40岁便死去了。他的堂弟余昭,字子懋,号德斋,别号大山,彝名叫做龙补。他自幼学习诗文,著有《大山诗草》三卷,《叙永厅志》四卷,还著有《德斋杂著》和《有我轩赋稿》。他的妻子安履贞,原是乌撒土目之女,能诗善画,被誉为"乌撒奇女",也著有《园灵阁遗草》的诗集。其子余一仪也习诗文,但不幸早逝。

到了清末民初,余氏家族又遭一次劫难。第十一代余若惶在四川,因受永宁道员赵尔丰陷害,关进大狱,殃及余家。他的弟弟余若瑔,号达父,自幼受着诗文的熏陶,在祖母安履贞的培养下学业大进,可是兄长犯了罪,不得已,便带着两个侄子逃往日本。他在日本考入大学学习法律,与贵州辛亥革命领导人平刚结为挚友。回国后曾在北京开设律师事务所,又兼任政法学校教员,一度出任贵州大理分院刑庭庭长,是彝族的第一个律师和法官。晚年回到家中,研究历史,创作诗文,著有《雅堂诗集》十四卷,《罂石精舍文集》四卷,《蠖庵拾尘录》二卷,还著有《且兰考》和《且兰野史》。

彝家大宅门经历了许多风风雨雨,由土司一变而为书香人家,又在清末民初发生一次变故,出了几个留学生,还出了余达父这样的人物。彝族大宅门记录了余氏家族几百年的沧桑,反映了彝族土司的兴衰起伏，演绎出许多故事，是彝族社会从明末到民国年间急剧变化的历史见证，值得到那里一游。

气势辉煌的贵州宣慰府

贵州宣慰府是贵州宣慰使霭翠和奢香夫人及其后裔即历代贵州宣慰使处理政务的官府。明代初期水西杰出的彝族女政治家奢香夫人将贵州宣慰府作为执政官邸，励耕织、修九驿、纳汉儒、兴汉学、顾大局、建和谐、安边陲，为加强民族团结、维护祖国和水西地区繁荣稳定立下了不朽功勋。

贵州宣慰府建于蜀汉时期，原坐落于乌江上游的大方县北郊螺蛳塘畔，时称罗甸王府，到明代始称贵州宣慰府，明朝天启四年(1624)因战争毁于一旦。2009年，为拍摄30集连续电视剧《奢

贵州宣慰府奢香夫人博物馆

香夫人》,政府投资 7000 万元恢复重建气势辉煌的"一场八院九层"贵州宣慰府。工程占地 137 亩,总建筑面积 7969.8 平方米。电视剧《奢香夫人》主要场景均在这里拍摄。

整座贵州宣慰府的建筑,依据史书记载和实地勘测互证,可分为主体建筑和附属建筑两个部分,总占地面积约 5 万平方米。

主体建筑,即为"一场八院九层"。恢复重建的宣慰府建筑,背靠云龙山,面临螺丝塘,坐东北向西南。采用中轴对称的布局,"九层八院"分级跃上,梯级递进。平面俯瞰两头小,中间大,如同虎头的抽象造型,寓意虎跃龙腾。

广场占地 18325 平方米,根据彝族的讲究和用地的限制巧妙设计成一个葫芦形,这源于彝族葫芦崇拜。两圆相扣,圆心图案也是彝族特有的太阳历和苏蒂子图案。

九层衙门为沿中轴线往上依次排列九间大殿。其功能分别为:第一层为正堂门厅及王府护卫部,第二层为藏兵器的藏戈房,第三层为王府服役人员住所,第四层账房,第五层接待厅,第六层议事厅,第七层宰相厅,第八层王殿,第九层为歌舞堂及王室祖先灵堂。建筑面积共 5156 平方米。

八个院落还建有东西配庑 16 间,面宽均 20 米,5 开间,进深均 7 米,悬山顶,正面廊道。建筑面积共 2916 平方米。

正堂门厅面宽 36 米,9 开间,进深 9 米,前后廊道,单层重檐顶,龙吻虎脊。三开大门中间方两侧券,与彝族礼制十分吻合。

所有建筑装饰造型都有其一定的讲究和寓意。额枋造型为牛角斗拱,上刻龙纹图,斜撑上有"虎跃鹿奔"等半圆雕,坎窗上的窗棂为几何图形镶框的"龙腾虎跃"穿花纹图。水西彝族崇龙尚虎,自称"老鲁波",意为"龙虎之帮"。所有的图案图形,无不体现"龙虎文化"的特色。

二至七殿均面宽 36 米,九开间,单檐歇山顶,龙吻虎脊。正堂后的八层为正殿,其左右都有月门通道。前二层至五层,每层递进高度 2.5 米，到第六层因顺应地势只有 1.5 米。所以，第七、八层，也就是宰相厅和王殿同在一个标高上了。

八殿是形制最高的王殿，虽然面宽也为 36 米，9 开间。但两层 3 米高的基座，虎头望柱，精美阑干，回廊环绕，重楼重檐歇山顶，龙吻虎脊。整个建筑威严雄伟，不失王者风范。从广场向上 3 米，便是主体建筑。沿中轴线往上依次排列九间大殿，九层衙门。其功能分别为：第一层为正堂门厅及王府护卫部，第二层为藏兵器的藏戈房，第三层为王府服役人员住所，第四层账房，第五层接待厅，第六层议事厅，第七层宰相厅，第八层王殿，第九层为歌舞堂及王室祖先灵堂。

五、心灵手巧绘乾坤

乌江盐油古道的船帆由远而近,外来文化影响着乌江人靠山吃山,靠水吃水的小农思想观念,由此形成了乌江山水特有的奇风异俗,赋予乌江人特殊的灵感,创造出了最有特色的织锦、蜡染、银饰、雕刻、编织、剪纸等民间工艺,这就是乌江山水文化,也是中华民族不可多得的文化遗产。

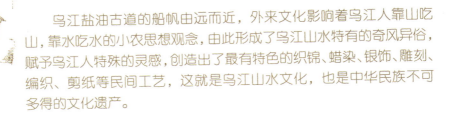

乌江盐油古道的船帆由远而近，外来文化影响着乌江人靠山吃山，靠水吃水的小农思想观念，由此形成了乌江山水特有的奇风异俗，赋予乌江人特殊的灵感，创造出了最有特色的织锦、蜡染、银饰、雕刻、编织、剪纸等民间工艺，这就是乌江山水文化，也是中华民族不可多得的文化遗产。

鲜明艳丽的织锦

乌江流域的土家族、布依族、苗族、仡佬族都有织锦的传统工艺。其中，土家族的织锦以鲜明艳丽的色彩和丰富的线条图案，质地坚韧、厚实，经久耐用而著称。

土家织锦，又名"西兰卡普"。它和土家土布一样，都有着悠久的历史。秦汉时，川东一带的土家先民织出一种精工细布，极负盛名。宋时产于溪峒一带的"溪布"、"峒锦"已是"土酋"向朝廷纳贡的名品。清至近代，具有土家特色的"土花铺盖"（"西兰卡普"）更是受到土家人民的普遍喜爱。它实际上就是一种织锦，以三块彩织连缀而成，构成整幅图案。土花铺盖的图案有一百多个品种，清代有《竹枝词》就咏过"西兰卡普"："凤采牡丹不为巧，八团芍药花盈盈。"民间习俗，结婚时，姑娘必须有亲手织成的土花铺盖做嫁妆，否则会遭左邻右舍的白眼。土家姑娘历来以勤劳为尊，以手巧为荣。土家择媳，也看重勤劳朴实，心灵手巧。龚滩有民歌这样唱道："自布帕子四只角，四只角上绣雁鹅；帕子烂了雁鹅在，不看人材看手脚。""西兰卡普"作为土家传统手工艺品，其制作工艺有四十八勾、二十四勾、双八勾、单八勾等。土家织锦，以红、蓝、白棉线为经线，以各色丝线、棉线为纬线，通经断纬，纬花自由换色地挑织而成。织机沿用汉代腰机式斜织机。挑织工艺全凭心计，无须蓝本。其图案采用象形，抽象的表现手法，呈单一形演进变化，小花造型填空，档头边缘衬托，显得粗犷质朴，构图饱满。

乌江中下游土家的传统图案有百余种，其内容主要有如下一些。

反映狩猎生活的：狮头花、虎皮花，狮子花、马必花、野鸡翎、阳雀花、蛇皮花、狗牙齿、猫足迹等。这些图案表现了狩猎的高昂激情。

表现大自然和农耕的：蝴蝶花、荞子花、韭菜花、苞谷花、梅花、菊花、牡丹花、玫瑰花、棱花、金勾莲花、八角香花等。这些图案表现了土家人对大自然的热爱和"务本力穑"的古风。

取材于生活用具的：桌子花、椅子花、棋盘花、粑粑架花、神龛架子花、豆腐架子等。这些图案表现了土家人对生活的热爱。

表现民族风情的《迎亲图》：图案将花轿，新娘、媒人、督管、送亲客，打旗子的，打花锣鼓的，吹唢呐的，抬嫁妆的，有机地组织在一幅锦上，构成了一幅动人的风情画。

反映民族历史的："四凤抬印"、"五颗印"等。

与神话、传说、故事有关的："祥云腾龙"、"老鼠娶亲"、"盘古开天地"、"二龙抢宝"、"双凤朝阳"、"喜鹊闹梅"、"凤穿牡丹"、"荷花鸳鸯"、"鲤鱼跳龙门"等，表达了土家人对自由、幸福生活追求和向往。土家锦以其独特的工艺和美妙的构图被列为中国五大织锦之一，正逐渐走向国际。

五、心灵手巧绘乾坤

土家工艺织花带

织锦：围腰胸花图案

　　苗族织锦又称"花带"，工艺上有织制和编制之分。织制的花带苗语称"西米兰甫"（或西兰卡甫），编制的花带称"金搓"。织制西米兰甫的工具是简易的织架和一把骨刀。原料是棉线、丝线或细毛线。传统图案是花鸟虫鱼、马鬃马足，"万"字八宝或吉祥汉字。编制金搓则简单些，只需一些竹卡子和一只木桶就可进行。整个织锦，色调浓烈鲜艳，光彩夺目。也有的仅用黑白两种纱线编织，精密细致，黑白分明，色调素净而雅致。一般制作锦带，宽至四寸，多用作衣饰佩带。而今已发展，根据需要，宽窄不论，有的就是背小孩的背袋。除了它自身的实用价值外，还是苗家馈赠亲友的礼物，也是少女们通常用来表达爱情的信物。

　　布依族称"织锦"为"纳锦"。锦面类似丝绣，光滑平整，花纹精致紧密，瑰丽美观。织锦一般有宽窄两种，多用丝线或丝、棉混织，而且多是彩色。织锦有"羊羔锦"、"鱼儿锦"、"蝴蝶锦"等等，其图案多为菱形、方形、三角形或回形等。布依族的织锦花纹精致。传统织锦图案，一般都有"本"为依据，不轻易更改。织锦时反面在上，正面在下，织者边织边用镜子反照检阅所织花色，操作技术非常讲究。

挑花刺绣描得山花怒放

乌江流域的各民族等都有挑花、刺绣传统工艺,运用范围也较广泛。

挑花通常用于帐帘、窗帘、枕套、手绢、童帽、鞋垫、围腰、裤腰、裤脚、裤膝等。挑花的图案一般线条粗犷,简洁明快,细致大方,朴实典雅。乌江流域各族中以苗族和土家族最具特色。

苗族很多的挑花作品都具有技术高超,造型奇特,想象丰富,色调强烈,风格古朴的特点。挑花花线有的喜用深蓝色和水红色,有的喜用橙黄色套以其他杂色。用平布作底,一般不先起样,仅凭构思在布面上数纱挑刺,采用打散结构法,以布经、纬纱、交叉呈"十"字处为坐标,对角插针或"X"形,通称"十"字花;为"一"字形,称为"平挑花"。两者都是挑花的基本针脚,也是最小单位。挑花时要严格按布面经纬线逐一挑刺,将诸多的生物形象,用几何图形表现出来。挑花技艺分明挑和暗挑两种。明挑是正面挑正面看,暗挑是反面挑正面看。

苗族挑花后期在传统花纹和挑花工艺的基础上,作了较多改革,成品多比上述精致。如贵阳市郊区新添镇的苗族妇女挑花,一般都挑平行长条花纹,再在其中或满挑,或间隙挑花。基础花纹有方勾、圆勾、小方形中加点、梳齿形、满挑小方形、小圆中加点、菱形、不及五毫米长的鸡、飞鸟、不及一厘米长的牛、虎、"X"形连接如网等。又如花溪朝阳村苗族妇女的挑花,一般挑作大方格,基础花纹有须形、方勾、实心平行四边形、方形中加点、十字、桠叉、辐射小方、花雷、曲线、波浪、蜈蚣头、食叉、开卷、直角、花朵、梳齿、篦齿、"人"字、叠"人"字、实心"井"字、"X"形、阳光辐射、实心大小方、花枝等。还有许多难以命名的形状。基础花纹远远超过原有种类,是现代不断创造的结果。

土家传统挑花多选用白色底布和黑线挑绣黑色花样,特点是黑白分明,图案简练利索,朴实典雅。那些黑白线条,或轻扬,似摇似曳;或绵延,如空山长藤;或劲拔,若竹枝迎风;或柔和,像彩蝶扬须。

一幅优秀的挑花作品，可以把黑白线条的韵致发挥得淋漓尽致，令人心旷神怡。例如《春耕图》、《狩猎图》、《丰收季节》、《山寨春早》等，主要反映土家古风民情，表现细腻的艺术个性。

乌江流域的刺绣总的来说，对比强烈，具有浮雕感，有平滑光亮、清新鲜明、朴实自然的特点，多用于头帕、衣袖、衣领、围腰、童帽、枕头、挂带、鞋面等点缀装饰。但各民族风格自有特色。

苗族刺绣，多用粗沙棉布、绸缎和丝绒等材料，绣法有平绣、结绣、抽纱、编卷等，但主要是平绣，着重于图案布局的美观匀称，色调分明，给人以明显的物感。刺绣图案色调多种多样，松桃地区以花、鸟、虫、鱼为主，喜用粉红、翠蓝、紫等色，较为素净；黔中地带喜用长条、长方、斜线等组套为几何图案，喜大红、大绿、涤蓝等色。

土家族刺绣，一般先将要绣的图案用纸剪好，贴在绣花底布上，然后照着纸样用丝线绣制。往往选用青、兰、大红等深色布做底布，图案纹样的绣线则多选用浅色，或者相反，底布花同浅色，而绣线用比较强烈的深色，两种用法的效果可以使绣制作品显得质朴逼真，色泽鲜艳生动，对比强烈，给人以喜悦吉庆的美感。绣花多取材于花、草、虫、鱼、鸟、兽、竹、树等物或者绣"龙凤呈祥"、"鲤鱼跳龙门"、"鸳鸯戏水"、"喜鹊闹梅"、"仙鹤松涛"等传统图案等。

仡佬族刺绣，绣法有架绣、游绣、梭绣、挑绣等。架绣是数纱绣，每横三根纱、竖三根纱的正方形对角上各绣一针，架成一个十字，用不同颜色的彩线架出很多大小规格一致的斜向小十字，组成各种图案。游绣是用套针绣法依底布画出的图样绣出轮廓，再用戗针填实内容。梭绣是用绣花针顺绣布经纬走向飞针，绣线时藏时露，先组成网状图案，再用不同颜色的绣线在网状空隙组成小图案，使花中有花。挑绣针法，针距或长或短，有时只挑起半股纱线，也是一针，可使图形更显细密完整。刺绣的图案可为周围环境的花草、山水、田川和各种可爱的动物。

布依族刺绣，主要是以丝线、毛线或色布等在各种衣料、布料胚上用针刺、缝钉等构成花纹，一般都以花草、蝶、鸟、几何纹样为主。

刺绣技法大致有12类：平绣、挑花、锁绣、堆花、贴布、打籽绣、破线绣、钉线绣、辫绣、锡绣、马尾绣等。

彝族刺绣，多以黑色为底配刺（贴）红、黄、绿、蓝等纯度极高的花线。彩漆绘、刺绣、贴花花边的图案有以日、月、彩虹、云等天象为图的，有以水波纹、山形等山河自然地理为图的，有以鸡冠、牛眼、牛羊角、猪齿等动物的某一部分为图的，有以花、叶、树枝等植物的某一部分为图和以绳纹、发辫纹、方块形等为图的。各种图案与现实生活紧密相连，丰富多彩，富有浓厚的民族和地方色彩。

草木染得色彩斑斓

乌江流域各民族自古以来就掌握纺纱织布的技术，至今服饰面料还多为自织自染的土布，具有浓郁的民族特色。其中，布依族的土布已经远销国内外。

"布依布"又称"促家布"，有白土布，也有色织布。色织布多为格子、条纹、梅花、辣子花、花椒、鱼刺等图案，多达两百多种。加工棉花和纺织用的工具主要有轧花机、松花机、引线架、滚线筒、套线帘、竹筘梭子、织布机等以及各种细小部件，都是竹木制品。织布过程中除平板白布用单梭双帘，双踏板外，其余各种花布要用四梭、八匹经线、八个踏板。四梭各装不同颜色和纬线，织者根据图案要求更换梭子，动作敏捷熟练，花纹有条不紊。

"娘子布"仡佬族妇女精于纺织，她们织出质地细密、柔软的细布，俗称"娘子布"。织金一带称"铁笛布"。花纹多为"斗纹"、"斜纹"、"桂花纹"、"条纹"等，密实耐用，朴素大方。

乌江流域各民族的传统印染手工艺都很有特色，以布依族、苗族、土家族最突出。

乌江流域的土家族、苗族、布依族靛染技术久负盛名。靛，是由一种名叫"蓝靛草"的草本植物制成。靛染经技术处理，可把布料染成蓝色、中蓝、浅蓝、灰、深灰、青色和月白色等色道。靛染工艺，有两个程序：蓝靛的制作和靛染工艺流程。黔江一带的方法是将成熟的兰靛叶用碓冲烂，加碱发酵后，即出现深蓝色，经过加工精制成兰靛染料。染时，先把生石灰放入锅中锻红后加水与桐壳碱，再酌加兰靛染料，用棒搅匀，把白布或染物放入，经上下拖动几次，即染好。取出后用清水漂洗，晾晒吹干即可。

印染是土家族人民生活中经常用到的一种技术。土家人印出来的一匹匹印花布，有单纯凝重、古色古香的色彩，也有朴实大方、洋溢着大自然芬芳的图案。

印染分普染和灰染两大类。普染以蓝靛作为主要原料，先煮上色，充分浸透，碾压而成。灰染类似于蜡染，以模具刷灰胶，然后脱模、碾压，染出来的花纹图案形象动人，经久耐磨，永不褪色。

土家印染的具体操作步骤是，先把十张上好的白皮纸叠在一起，用猪血浸泡晒干，再用桐油熬制的光油刷在纸上成纸版。

这样的纸版坚实牢固，不易起皱，不怕水浸油污。纸版制成后，将各种花草动物图案描在上面。所绘的图案有表现青年男女爱情的，有表现家庭幸福生活的，有描摹福禄寿喜等传统祝词的，还有反映土家神话、传说以及一些传统物事的，诸如《双莲并蒂》、《双狮滚绣球》、《喜鹊闹梅》、竹叶、藤花等。大的用于被面、床单、帐帘、门帘等，小一点的用于围裙、枕头、手帕等，艺人们总是能灵活布局，互相搭配。图案描好后，就用小刀精雕细刻。这道工序往往只能由老师傅来完成，因为刻花技巧必须非常熟练。老师傅把图纸平铺在坚硬的檀木板面上，顺着图案的线条一刀一刀地走动，动作之快，刀法之准，令人叫绝，叫外行人看得眼花缭乱。一袋烟的工夫，一块活灵活现的花版摆在面前，那线条流畅柔顺，该圆则圆，该方则方，没有一丝断裂；那花形、花瓣、花蕊、叶子和枝丫以及动物的眉毛、胡须，都刻得复杂而细微，生动而精致。

印花往往由姑娘来操作。她们先将白布铺在平板上，选出客户喜爱的图案花版，将花版盖在白布上压紧，再涂上用石灰和豆粉调制的灰膏。灰膏干结以后，立刻把布放入染缸浸泡。浸染时，用冷染，

五、心灵手巧绘乾坤

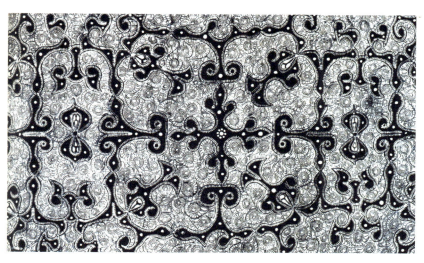

苗族蜡染

土家印染晾晒

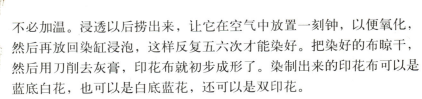

不必加温。浸透以后捞出来,让它在空气中放置一刻钟,以便氧化,然后再放回染缸浸泡,这样反复五六次才能染好。把染好的布晾干,然后用刀削去灰膏,印花布就初步成形了。染制出来的印花布可以是蓝底白花,也可以是白底蓝花,还可以是双印花。

蓝印花布染成后,就该上光了。上光的工序是:把印花布放在弧形石槽内,上面压一块五百多公斤重的扁圆石滚,工人双手攀住架上的横木,双脚控制好沉重的石滚,驱动石滚来回滚碾;开始时细心缓慢,以后越滚越快,印花布在这反复地滚碾中,变得平整光滑。

就这样,一匹匹美观大方的印花布出来了,为土家人的生活增添了质朴天然的色调和韵致。

乌江流域的布依族和苗族自古以来,自织自染,创造了蜡染、扎染、豆浆染、树脂染等取法自然的古老染织技术。心灵手巧的妇女们捉刀为笔,取蜡为墨,在家织的布料上自出心裁地作画,浸入蓝靛染缸,染成白底蓝花,上面还奇迹般地显现出工笔难以描摹的"冰纹"。扎染又称缬染或叠染,不用防染剂,将布料折叠成各种花纹,浸染后在蓝底上现出朵朵白花。

布依族和苗族的蜡染很有特色,尤其是安顺蜡染,是贵州旅游文化的品牌,享誉中外。镇宁的扁担山被称为"蜡染之乡"。蜡染,古代叫"蜡缬"。制作方法,一般是将白布平铺于案上,置蜡于小锅中,加温溶解为汁,用蜡刀蘸上蜡汁在布上绘好精美的图案,然后拿去染色。用沸水去蜡后,再用清水漂洗晾干。这样,被蜡覆盖的地方就漏出底色花纹,晕染自然。松桃苗族蜡染,是先把图案帖于木板上刻成空心花纹,作为"花模"长期使用。需要时,将白布夹于两块同型的花模间,将加热了的蜡汁灌入花模空心处,冷却后找开花模,取蜡布浸染,用清水煮沸脱蜡即成。

蜡染大多出自妇女之手。其水平高低,不在于制作方法,而在于蜡绘艺术。技艺精湛者,一般不先画样,也不用直尺圆规,仅凭构思和手工技巧,就能使所绘图形均匀、对称、大方、美观。蜡染图案多得无法统计。

苗族的蜡染尤以织金苗族"细线条"蜡染最有特色，其设计图案，多以花鸟虫鱼、飞禽走兽或几何图形为主，古朴典雅，具有强烈的节奏感和浓厚的装饰趣味，从而形成自己独特的艺术风貌，给人以美的享受。

布依族蜡染图案常见的有蕨菜花、团花、小花、铜鼓纹、漩涡纹、水波形、连锁形、鸳鸯、喜鹊、梅花鹿、龙飞凤舞、双喜双寿等。不论是哪样图案，布局大都对称而又多变，构图大多夸张而又得体，线条十分流畅而又自然，充满了浓郁的生活气息，清秀淡雅。布依族蜡染制品以蜡裂的冰纹（亦称龟纹）奇特和画工精致而驰名中外。

扎染古称"纹缬染"。方法是在布帛上按照事先绘好的纹样，把不受色的花纹部分叠绉、绞扎、串扎相缚或夹板，用针线缝紧扎牢，然后浸染缸，经漂水晾干，染液未浸达的地方即显出花纹。花纹上的色晕独具特色，也有蜡染冰纹的染色效果，在艺术上自成风格。扎染图案花纹变化更趋自由、奔放、活泼、明快、艳丽、变化万千。布依族、苗族的扎染制品线条畅美，色泽自然，深浅层次分明，极富民族特色。

精彩纷呈的银饰

乌江流域各民族都有银饰制作工艺，尤其苗族银饰及其制作工艺非常讲究。

苗族银饰品都是由苗族男工匠打制。其用途有银冠、银衣、银项圈、银手镯、银耳环等几类。论工艺，有粗件和细件之别：粗件主要是项圈、手镯，细件主要是银铃、银花、银雀、银蝴蝶、银针、银泡、银索、银链、耳坠等。当然这不是绝对的，如空心、泡花的项圈、手镯，也是精工制成的作品。

黔东北一带，主要特点是在头巾上插上许多银花，肩上披银披肩，胸前围腰上绽着许多大块银花，耳坠很纤巧。

披肩：以薄银片十余片为主件，用银丝三环扣短链，将银片联为大圆圈，佩于项圈，银片能随肩、胸的高低、凸凹而紧贴于肩胸。

苗族银饰品

银片精钻花纹，或作双龙戏珠，或为枝结硕果，剪去空隙，有如窗棂。龙鳞、花瓣，并以银丝勾成，龙的眼、鼻、须、爪、尾、鳞皆备，另以银片前几片浮云紧绕龙身，有如云中二龙翻腾。胸前银片，另悬银串若干，每串各悬钻花银牌二层，每层各悬银铃若干。

项圈：一为钻花薄片，一为四棱扭作螺旋形。钻花项圈是光捶成项圈的薄银片，正面精钻花纹。

银串（俗称牙签）：以三块薄银片和三根银链为主件；两根银链联系银片为三层，另一根较长银链镶联顶层为佩戴时悬挂用，每块银片都精钻花纹。三层银片的下缘另以小银链系小银片，小银片的下缘各系三根小银链，每根小银链的下端各系一枚喇叭形圆银筒或钻有不同花纹的小银片。最下一层的主件、银片，下缘均以小银链系银牙签、银挖耳勺等为饰。银串有单独的，也有两串联在一起的。佩戴时，都悬于大襟衣右上的纽袢。

黔中、黔西一带，大部分地区佩戴银饰数量较少，常见的有链锁、项圈、空心手镯、长簪、耳环、银花串等。大多数人仅在头上发髻插少许银簪、银梳、银花。

链锁：以若干块薄银片，分别钻花，镶焊为中式锁，系银链挂在颈上，银锁悬于胸前。

项圈：每支重约一二两，一般是先捶成圆银条，而后纤作项圈，不钻花纹。

手镯：贵定县仰望一带佩戴的空心手镯，颇为精致。制法是先以薄银片压成手镯雏坯，细钻花纹，纤成圆圈，两开镶焊而成手镯，中空。所钻花纹，有的作十二生肖；并配以花鸟虫鱼等。

长簪：贵阳市花溪区的湖潮、朝阳等地的发簪长尺许，大的一端为四方形，顶端系有银铃；小的一端为圆锥形，以便插入发髻。

耳环：贵阳市花溪高坡苗族乡妇女佩戴耳环后，有些人还加戴耳坠。耳环呈钩形，耳坠形似小灯笼。灯笼耳坠以细银丝编成，分三层，下系银片。

色泽艳丽的大方漆器

产于贵州大方的漆器，明、清朝代就被选作"贡品"上京供奉皇帝。因为大方产有优质的生漆，畜牧业又很发达，所以大方漆器最早是以皮作胎。《大定县志》将漆器称作"皮货"，列入"皮品"。当时品种有十大类，即皮箱、皮盘、捧盒、传盒、烟盒、茶瓶、茶船、匾对、箸（筷子）等。除箸与匾对不用皮作胎外，其他都用牛羊皮作胎，这是大方漆器异于他地漆器的地方。清代，大方漆器业一度极盛，质地轻巧、耐用，色泽艳丽的大方漆器产品远销西南、西北各地，大方城（当时叫大定城）户户制作漆器，有"漆城"之称。

大方漆器，一般一件制品需经过四十多道工序才得以完成。制作工艺，可分为制坯、漆地、装饰等几个重要环节。先选用高级木料制坯，上表绸布（过去用皮）然后在坯型上用漆料加工，这是最重要的一关。上漆好坏关系到质量的高低，上漆完成后，再进行各种装饰。装饰的技法有100多种，总起来可分为浮花、平花、暗花三个类型。其中以暗花即隐花是大方漆器的独特技艺。艺人巧妙地把各种花纹隐衬在漆质与胎坯之间，若隐基现，其状，如深巷基虚静影沉璧；其态，线条装饰自然，挥洒自如，似行云流水，独树一帜。在颜色上现在也由原来的隐石红木色改为珊瑚色，更加丰富了彩面。

大方漆器，图案幽雅逼真，有青山、秀水、古木、瑞雪、春华秋实、飞禽走兽、风土人情等，造型朴实，不刻意雕琢，也不饰以金银，只设淡淡润色。漆色光亮可照人影,色泽艳丽,经久耐用,并具有鲜明的民族色彩。用作食具,不导热,不串味,不漏水,不生虫,耐酸、碱,不易腐朽,不褪色等。

现今,漆器生产工艺有所创新,将皮纸脱胎技术改为用棉麻布脱胎,颜色也由过去的黑红两色改进为以多种颜料作色。漆器品种也由过去的明花、影花、明光、退光等逐步扩大到印漆、银刻、金花、台花、五彩霞花等,产品增至9大类、400多个品种,行销海内外。

巧夺天工的雕刻

乌江流域的雕刻,主要分为石雕和木雕。

石雕,多用石门、石柱、柱基石、墓碑、石水缸、石砚、石阶阳等,工艺精湛的工匠,都是世代家传的手艺,大都能自描自绘,自己设计图案。图案的文化内涵受外来文化的影响较大,一般常见的石雕内容有"喜鹊闹梅"、"野鹿含花"、"凤穿牡丹"、"鸳鸯戏水",以及花、鸟、虫、鱼等。

石雕在宋代已经达到了较高的水平,主要代表有:李渡三台寨内故涪州州署衙门前石狮一对,其造型古朴典雅。遵义县龙坪乡的宋墓石刻,从石刻技法来看,有圆雕,高浮雕,低浮雕,减地雕和线刻等,富于民族传统艺术特色。如墓主宽额广颡,鼻直眉舒,两目炯然,嘴唇微翘,显得神采奕奕,矜持而雍容。女官与武将形神各异,栩栩如生。特别是那位应门童子,面带笑容,探身窥视,神情机敏而顽皮,造型手法高超。其他装饰性图案,镂刻精细,变化多端,显得富丽堂皇而生气勃勃。

石雕:太平缸的正面

五、心灵手巧绘乾坤

明清时代主要代表有涪陵明家乡周煌墓前的石麒麟、酒店乡陈廷前的石狮、蔺市龙门桥上的透雕石龙、青羊乡石龙井庄园的荷叶型石花缸和其附近的陈瑞图、陈世麟墓刻、思南苏家花坟石刻、郝家湾郝朝相的墓刻等。

清末至民国初期作品主要有涪陵区青羊乡陈氏墓青砂石雕刻，图案中涉及各类人物80余人，神态各异，远山近水，楼台亭阁，窗棂桌椅以及鳞毛花卉，花边图案等，皆一丝不苟，纤毫毕现，其整个雕刻画面构图严谨，层次明晰，场面可观，风格统一，工艺不同凡响。

木雕笔筒、上刻有弹琴、读书、下棋者，意为文人雅士的琴棋书画

民国时期以沿河的新景、石阡大沙坝成氏墓雕石刻为代表作品。

另外，砚台雕刻的精湛工艺，也是远近闻名的。织金砚台和梵净山的紫袍玉带石砚，都是乌江特色产品。织金砚台精巧美观的雕刻，巧匠能根据石质大小，色泽不同，雕刻成各种花纹及装饰，如空花葡萄、明月梅花，都能做到因材施艺，绘形绘色。故又叫空花石砚。

织金石砚还配有盒盖，盒盖也由当地石料制作，上刻诗词、人物、山水、花鸟等，从盖到砚的装饰，使它更加雅致动人。

紫袍玉带石砚，其原料是梵净山紫袍玉带石砚，以其美丽的色带，细腻而柔润的质地，列入中国名石，用此石雕刻的石砚，被称之为梵净山紫袍玉带石砚。它以雕刻精细、石质优良而受到国内外人士的欢迎。

乌江流域的木雕一般用于建筑与家具：雕梁、栏杆、花窗、匾额、对联、桌椅、茶几、婚床、衣柜、洗脸架等。图案大都为吉祥动物如龙、

凤、喜鹊、蝙蝠、麒麟、鹿、狮等，还有石榴、梅、柳等。此外根雕是利用黄杨、楠木、香樟等树根进行加工而成为美术、书法工艺装饰品，造型奇特，形象逼真，美观大方。代表有清末石龙井庄园和彭家大院的房屋性木雕和家具木雕；思南府文庙、万寿宫、安顺文庙镂空双龙木刻；涪陵文管所现存陈万宝所遗精致雕饰的木床一张等。织金砚台所用石料产于本地，这种石头质地坚硬，细密朗润，花纹美观。所制砚台研墨细致均匀，不枯不涩，极善发墨，加上砚盖，能抗热耐寒，墨汁几日不干涸。夏日研墨，隔日不生怪味；用来储墨汁，久不挥发，不吸尘土；用来写字丰润饱满。织金砚台过去被当作朝廷贡品，供奉皇室使用，清廷还用它作礼物，赠送邻国，织金砚台早就享誉中外。

丰富多彩的编织工艺

乌江流域的编织有竹编、藤编、棕编和草编等多种工艺。

竹编品种有背篓、鱼筌、竹箩、竹筛、竹椅、晒席、斗笠等。其中印江花凉背和思南斗笠特色鲜明。

花凉背是用竹子划成极细的竹丝编制而成的。底部呈正方形，腰身略鼓起呈肚状，一圈一圈地往上箍，还有大大小小的眼，编制成各种花样。背系用竹丝交叉编织成"人"字样，能伸能缩，恰似"凤凰尾"。在编织完成后还要用桐油打底，绘上一些喜欢的图案，再用生漆描绘。虽经日晒雨淋，它能保持原形态，光泽金黄。

思南塘头斗笠历史久远，除在民间有"塘斗笠，印江伞，思南姑娘大脚板"的俗语外，明代时就是贡品。洪武九年（1377年），思南宣慰使田弘正带着大量宝物觐见皇帝，其中有思南斗笠数十个，朱元璋见后频频点头说："篾细如丝，美哉，美哉！"接着，取下头上的皇冠，撕下一块乌纱递给田弘正，命压入斗笠顶中，说："民能戴，官亦能戴"时至今日，思南斗笠顶中还压有一块乌纱布。

思南斗笠分棕丝斗笠与纸质斗笠两种，以棕丝斗笠最为著名。它选用当地有名的慈竹劈成薄片，每片竹篾分成 8～10 丝，每个斗

塘头斗笠。是明代的进贡物品。明代思南宣慰使田仁智带着此物去进贡。朱元璋说:"篾细如丝,美哉、美哉,官能戴,民亦能戴。"

笠用20片篾条搭成框架,放置在模上,用细、软竹丝围绕编织,其直径为65厘米,均为两层,纸斗笠在中间糊纸,棕丝斗笠在中间顶部填青布,放红绿纸角,铺棕丝后锁边即可上市。使用前要在表面涂一层桐油,安上螺圈。

藤编在乌江中下游的思南、沿河、彭水等地,因这里多山岭、多溪流,森林繁茂,藤蔓遍布,为生产藤编用品提供了丰富的原料。

藤编产品主要有:椅、箱、床、茶几、圆盘,提包和沙发等,尤以藤椅、沙发最为畅销。原料以青藤、竹子为主。以竹为架,用藤缠绕,造型美观,色泽白净,坐卧舒适,轻巧耐用。

棕编是用棕树嫩叶编织的团式扇,形似扑克牌中的"黑桃"。主要产于板桥南盆一带,其原料是棕树最中心未开放的嫩叶,割取后用沸水煮,捞出漂洗,经日晒夜露,叶色洁白,质地柔软。每把二片,去其软叶,留带梗部分为经,用软叶为纬取样编织,两厢对称,中镶图案,结构严密,大小适中为上品。

草编指用灯芯草编制的草鞋和灯草席。思南塘头是灯芯草的主产地,产品分单、双人席两种,以灯芯草为原料,加麻线编织而成。铺上床有夏凉冬暖的感觉,价廉物美,非常受当地群众喜爱,一度畅销。草鞋是用稻草编织而成,过去,乌江流域农村男子均穿草鞋进行生产劳动。

鸳塘

大山深处的蔡伦部落

乌江流域的造纸业始于唐代，兴旺于宋元明清。至今还保留着这种传统造纸工艺，纸的用途主要用于书写纸和人们祭祀活动烧用的纸钱。造纸地点分布较广，一般都在比较偏远而且山清水秀，竹木连片的山区，诸如印江合水、彭水庞溪、磨寨，思南军家坝、桥沟、务川新场、纳雍的以且河等地。无论哪一个民族，香盒上都供有蔡伦神位。关于造纸工艺，有这样一段顺口溜："造纸不轻松，七十二道工，道道须认真，外加口吹风。"造纸技艺都是72道工序，每道工序都由人工操作完成，一切理化指标全凭经验掌握，其技艺传承也基本上为口传心授。思南县军家坝，桥沟地处乌江岸边，造纸原料为当地的慈竹，造纸作坊由池子、草棚、石碾、石纸槽、木榨五大件组成。

印江白皮纸的原料主要是杨树皮，买来后剁碎，放进石灰池浸沤，几天后，放入黄桶内蒸煮，等杨树皮煮烂了，妇女们拿去用石碓舂捣。

这时，用耙子翻捞纸料的人，便领头唱起号子来，旁边姑娘们齐声唱和。舒缓、有力的舂碓号子既协调了碓头起落的节奏，又减轻了捣纸料这一体力劳动的繁忙劳累。

沿朗溪小坝上行，一路但见溪水潺潺，水质清软，就因为这样的水，才造出纸质细嫩、柔软如棉、吸水保墨的国画纸来。沿溪几十个土家山寨，四百余户均以造纸为业。

转过几道弯，前面是一个依山而建的土家山寨，掩映在一片翠竹丛中。临溪就是由石池、黄桶蒸锅、碓房、捞纸房组成的造纸作坊。

纸坊清早便忙开了。小溪里，土家姑娘赤着脚，在盛着熟纸料的竹编淘筅里边踩边搅。旁边的小伙用桶舀水，经滤布过滤后，冲进淘筅，以洗去纸料的碱质。碓房里，随着咚咚声，熟纸料舂成米糊状的"纸花"，有人用竹耙在槽石缸里，搅拌着乳状的纸浆……

造纸的七十二道工序，要数捞纸最为紧要。只见两人双手抬着四尺长的竹帘子，在槽石缸里轻轻舀起一层薄薄的纸浆，前后左右地摇晃几下，或用嘴吹一下，看看竹帘上纸浆均匀了，沥去水珠，再轻轻把竹帘反扣在纸台上，一张厚薄均匀的白皮纸便成了。

早在元末明初，合水、新场、木黄等土家山乡即有白皮纸生产。现在从业人员一千四百余人，年产纸近三百吨。其纸有质地坚韧、细腻、柔和、色泽白、吸墨性强等特点，远销湖南、四川、南京、天津等省市，历来用于斗笠、纸伞、纸扇、油纸、印花版制作等，文人尤其喜爱用作书、画纸张。令土家人自豪的是，清末以书写"颐和园"匾额受慈禧太后赞许而闻名于世的印江土家族书法家严寅亮，就常使用印江白皮纸，握管运笔，翰墨长存。抗战时期，中国著名画家徐悲鸿在贵州创作的大量国画，有不少就是用的印江生产的皮纸。

六、乌江民族文化符号

历史上,中原四周的多个土著部落为了争夺生存空间,相互间发生了一次又一次的战争。长期的战争,造成了各部族的迁徙、分化、融合,最终形成了后来的众多民族及各民族的支系。战争是刀与血的话题,是残酷的,迁徙是辗转中的生死考验,是艰辛的。所以,战争和迁徙自然就成了各部族记忆中最为惊心动魄而又刻骨铭心的部分。为了让后代不忘自己的族源历史,永远铭记祖先的战争、迁徙和生息发展过程,各部族在没有文字的情况下,大都采用古歌传唱和服饰图案这两种形式来记录并传承他们的历史。这样,许多民族服饰就成了记忆的载体,成了穿在身上的史诗。

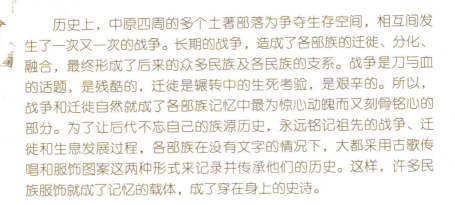

历史上,中原四周的多个土著部落为争夺生存空间,相互间发生了一次又一次的战争。长期的战争,造成了各部族的迁徙、分化、融合,最终形成了后来的众多民族及各民族的支系。战争是刀与血的话题,是残酷的,迁徙是辗转中的生死考验,是艰辛的。所以,战争和迁徙自然就成了各部族记忆中最为惊心动魄而又刻骨铭心的部分。为了让后代不忘自己的族源历史,永远铭记祖先的战争、迁徙和生息发展过程,各部族在没有文字的情况下,大都采用古歌传唱和服饰图案这两种形式来记录并传承他们的历史。这样,许多民族服饰就成了记忆的载体,成了穿在身上的史诗。

民族历史的投影

居住在乌江上游的彝族至今喜欢穿的长袍和披风,是古代战袍演变而来的,彝族最早也是游牧部族,在迁徙途中不断与土著民族作战。东汉时期从云南迁入乌江上游后,很长一段时间是进行游牧,后建立过若干民族政权、如罗殿国、自杞国、罗氏鬼国、乌撒土府、普安土府。明代建立了贵州宣慰司,为维护他们的政权,彝族各部、民族间也依然械斗不断,所以,他们有用料讲究、做工复杂的械斗服装,如战袍、披风、掩膊和护眼等,这些款式,至今仍是日常服装的借鉴。

苗族是乌江流域境内人口比较多、分布比较广的民族,在记载民族战争与迁徙的众多服饰图案中,最完整、最复杂、最形象的要数苗族。苗族先祖属北方的九黎部落,由81个氏族组成,以蚩尤为君长,居黄河中下游,曾在中原打败过黄帝。后来黄帝和蚩尤交战,蚩尤战死于冀州,各部落开始分崩离析,其中部分向南逃离,在江淮河湖地区建立了三苗国。后禹征三苗,使其向南迁徙,其中部分到达贵州、云南一带,进入乌江流域。这种因战南逃,失去家园的悲惨历史,给族人们留下了不能磨灭的记忆,他们代代相传,并编织在他们的服饰上,诸如乌江流域的红苗、黑苗、花苗妇女裙裾上的线条,就分别代表了苗族迁徙所经过的河流和重要的山路,甚至能辨认出哪条线代表黄河,哪条线代表长江,哪条线代表珠江。背牌上密集的回环式方形绣纹、水纹和菱形纹饰，则代表的是北方故土，那里有田畦、阡陌。围腰上有形若刀枪剑戟弓弩的纹，被看作先祖使用的兵器。

在土家族傩堂戏中，土老司一般都要套上法裙。法裙分八幅罗裙、太极罗裙和山河社稷罗裙等。这三种罗裙以八幅罗裙最为常见。八幅罗裙最早是土家先民日常服装，慢慢被土老司引进傩坛成了法裙。八幅罗裙是用红、蓝、黄、青、绿、黑、白、紫共八色的八块长形布条制成。每块彩布的左、右、下三边镶上不同色彩的吊边或镶嵌花栏杆，块面彩绣龙凤花草衬饰。用白布缝成腰与每块的一头连接。块与块间不相接，起舞或走动时，八块布条迎风飘荡，色彩斑斓。

其实八幅罗裙也来源于战争。相传很久以前，生活在乌江流域的土家先民以刀耕火种、狩猎捕鱼为生，日子过得自由自在。每逢赶场天，土家族人背着背篼，内装兽皮、鹿茸、麝香、鲜鱼外出换粮食、布匹、盐巴等生活用品。当地的官吏们看着一张张华丽的兽皮、一支支毛茸茸的鹿茸、一个个香喷喷的麝香、一条条肥美的鲜鱼，不禁馋涎欲滴。他们为了将其占为己有，心生一计，说，土家人种的地是官家的地，猎的兽、捕的鱼是在官家的山林河流中长大的，因此土家族人必须向官家交纳"地皮税"，进贡兽皮、鹿茸、麝香和鲜鱼，否则，就得迁到别的地方去。土家族人坚决拒绝了官家的无理要求，官家就以不纳官税为由，派兵前往土家山寨"征剿"。官军又抢又杀，弄得土家山寨鸡犬不宁，人心不安。

当时土家先民有八个部落，每个部落都有一个首领。这八个部落毗邻而居，但平时互不往来，官兵便采取各个击破的策略，一个部落一个部落地"征剿"。土家族人虽奋力抵抗，终因寡不敌众而失败。八个部落眼看单独行动不行，就联合起来抵抗，但由于没有一个总头目来统一指挥，结果是连吃败仗。正当大家垂头丧气时，一个土家族老者说："我们这八个部落虽然捏在一起了，但行动不统一，像一盘散沙，怎么能打赢官家呢？"听了老人的话，大家心里顿时豁亮了，于是公推了一个足智多谋、胆识超群的大首领来。

大首领一上台，就把各部落年轻力壮的小伙子组织起来，集中

六、乌江民族文化符号

进行作战训练,提高战斗力。这些小伙子回到各部落后再训练其他人,分别组织战斗小组,对主要关口和要道加强把守。到了作战时,以号角声为联络信号,统一行动,相互支援,紧密配合。平时分散为民,战时集中为兵。

时隔不久,官家兵向土家山寨蜂拥扑来。埋伏在各个关口和要道的土家兵早已刀出鞘,箭上弦,听到大首领一声号令,个个如猛虎般一拥而出,截住敌人的后路,来个关门打狗。官家兵被杀得人仰马翻,溃不成军。

为了纪念这次胜利,并永保土家山寨安宁,有人提议:八个部落各献一块彩布,做一件战裙给大首领,使他穿起来后能更好地调动八个部落的兵将,打起仗来更加威风;同时,也标志着八个部落的紧密团结。这战裙因用八块彩布做成,称为八幅罗裙。

后来,土家人觉得穿上八幅罗裙既威严又漂亮,还吉祥。男女都喜欢穿。土老司也认为穿上这裙子,能驱邪逐鬼,故在傩坛中八幅罗裙成了必不可少的法裙。

如此等等,服饰都是先民战争迁徙及生息发展的历史记录,服饰图案的功能逐渐被象征意义、思想意义、寻祖心理所取代,成了一种文化符号,并在薪火相传中融进了更多的道德伦理和审美情趣,其构图、疏密、虚实、明暗、空间布局、色彩强弱等发生了或多或少的变异,变更得更加抽象了,人们要解读这些服饰语言的含义,只有去参照各民族的传说故事、史诗古歌了。

穿在身上的文化

盐油古道的船帆,由远而近,把人们的目光引向乌江峡谷与山岚深处。这里聚居着二十多个少数民族,他们的服饰种类繁多,绚烂多彩,仅苗族的服饰就有170多种,形形色色,裙子有长裙、短裙,头饰有长角、短角、歪梳、尖尖角,饰物有银饰、木饰,琳琅满目,叫人目不暇接,同一个民族中多种多样的服饰,存在着难以区分的

六、乌江民族文化符号

土家族服饰

多种不同文化形式。

　　这些将奇异款式、纷繁图案和琳琅饰品融为一体的服饰，除了具有遮风避雨、防御自然、提示性别等这些实用的共性之外，其服饰还作为部族的族徽和氏族的标志，它们自民族、部族产生之时，就打上了意识和精神的印记。

戴在头上的信仰

　　各民族服饰的突出特点是头饰，头饰是一个民族的标志或族徽，所以各民族头饰文化极为丰富。

苗族服饰

139

乌江——远山的歌谣

彝族服饰（姐妹服饰）

布依族服饰

回族服饰

六、乌江民族文化符号

　　土家族儿童服饰的突出特点在帽子，按年龄季节确定帽形。如春秋戴"紫金冠"，夏戴"冬瓜圈"，冬戴"虎头帽"、"狗头帽"、"鱼尾帽"、"狮头帽"。尤其喜欢戴"虎头帽"、一是有辟邪之意，二是有崇拜白后的意思。冬天，不管戴什么帽子，这些帽子上除用五色丝线挑刺着"喜鹊闹梅"、"凤穿牡丹"和"福禄寿喜"等花鸟图案和汉文外。在帽子正前面缀上"大八仙"、"小八仙"、"十八罗汉"等银质菩萨；帽顶及帽后链吊上许多银牌、银铃、银磬鱼，银虎爪。

　　土家族妇女头饰就更讲究了，有句俗话说："头发一枝花。"山歌也唱："阿妹头发二尺八，梳个盘龙插鲜花。"土家族妇女头发式样繁多，有二十余种，争奇斗巧，各具风韵，富有浓厚的民族特色。

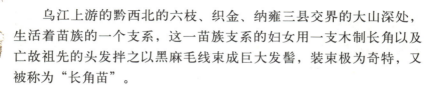

乌江——远山的歌谣

　　乌江上游的黔西北的六枝、织金、纳雍三县交界的大山深处，生活着苗族的一个支系，这一苗族支系的妇女用一支木制长角以及亡故祖先的头发拌之以黑麻毛线束成巨大发髻，装束极为奇特，又被称为"长角苗"。

　　而有一支生活在织金的苗族，被称为"歪梳苗"，特点就在妇女的头上。"歪梳苗"成年妇女头发后梳，结田螺形发髻于脑后偏左，

长角苗的装饰

以弯月形花漆木梳固定发髻，故而得名。毕节苗族妇女玩挽髻于头顶，插一长达 50 厘米而呈牛角形的大木梳，再缠以羊毛线或假发，露两尖角于外。六枝、普定一带的苗族妇女头戴长 60 余厘米的大木梳，再以重约 1500 克的假发缠于梳上呈半月形，长超两肩。最后用白带子缠绕于头上。这是对农耕文化的怀念以及延伸出对牛的崇敬。

彝族头饰较复杂，用一条嵌银扣的青色窄布带缠绕于额后，外包白布帕，帕上加一条叠成三指宽并加一块较短的绣花头巾，头巾上有用五色布镶的太阳和几何图案的长飘带，分别从两耳斜上，于额前绕成"人"字形。这是彝族人对黑虎的崇敬。

布依族头戴织锦头巾，耳边垂着一束各色丝线做成的耍须。已婚者的头饰戴"更考"，以竹笋壳和布匹制成，形如撮箕，前圆后短，先以青布缠裹，后系织锦绣花头帕。这是布依族的一种对祖先的崇拜。

系在脖子上的祝福

在乌江沿岸的土家山寨，儿童手腕上要戴银圈，银圈上吊有穿心银锤和银铃；婴儿背带、围裙和围帕上的图案比较讲究。往往在围裙、围帕上用彩色线锈上"双凤朝阳"、"蝴蝶戏花"、"古宝圈"等，背带上是植物藤花的花边条，也有围帕上挑上"天子重英豪，文章教尔曹，万般皆下品，唯有读书高"的汉字，身前挂着桃肚围，这与成年人的围腰有些相仿，侧面系着挑花鼻涕巾。尤其是颈项上常常套着一圈银链和一把银锁，熠熠闪光，那便是土家小儿的百家锁。

穿在脚上的爱情

把爱情信物穿在脚上，这似乎有些不雅，然而土家人却不这样认为，他们认为万丈高楼平地起，脚踏实地最实在。把爱放在最实在的地方，那是最恰当不过的事。

乌江——远山的歌谣

　　乌江流域土家山寨的小伙子向姑娘求婚时，如能获得姑娘精心缝扎的一双漂亮的新鞋，就算收到了一件极有意义的定情信物。

　　土家族姑娘从小就学会编织土家花被面，并挑绣各种服饰的花边、图案，然后就是学扎鞋。到了十八九岁，自然有男方请媒人来求亲。当媒人把小伙子带到女方家"认亲"时，如果姑娘看上了这个小伙子，她会扎一双布鞋送给他，否则，就是姑娘不喜欢这个小伙子。做鞋要取鞋样，姑娘却不能去量小伙子的脚，这就全凭姑娘的聪明才智了。要么借做什么事时斜目观察，偷偷地用眼睛"量"下小伙子脚的长短肥瘦，要么把柴灰撒在小伙子要经过的石板路上，待小伙子走后，悄悄地量下尺码。做这双鞋，姑娘是颇费心机的。为表明纯洁执着的爱，鞋底全用白布粘贴。手纳鞋底时，常常要用手帕包着拿在手里，以免手心出汗，弄脏鞋底。针脚要密，要细，纵横成行，中间纳成菱角形的图案，叫作"有心鞋"。鞋面用青布做成美观大方的"圆口"式样，表示圆满和谐。姑娘的缕缕情思，就这样牢牢地系在一针一线上。当姑娘将自己缝做的新鞋连同一双精美的挑花鞋垫交给小伙子时，小伙子要当着姑娘的面穿上新鞋。姑娘在一旁含情脉脉地注视着小伙子的神情、举动，为能把自己的心血、情意和聪明才智献给心上人而深感幸福。

　　其实，居住在乌江深谷险岗的苗家，也有同感，只是平时他们交往机会较少。如果青年男女在过"四月八"、"龙舟节"、"六月六"、"元宵节"以及平日赶边场、"上懒懒坡"等生活机遇中相熟之后，有了爱慕之意且不便当众言说，男方为了试探女方态度，就会趁赶场赶街或节日聚会场合，悄悄挤到女方身边，趁人不注意时，轻轻在女方绣花鞋上踩上一脚，或者轻轻籀一下女方的小指，以此来传递感情的信息。如果女方有意，就会趁势背着人轻轻还踩一下男方的脚或者轻轻还掐一下男方的手。稍腼腆些的，就回眸一笑，使个眼神，好事也就成了一半。如果女方不愿意，只是装着不知，决不会当众拒绝，更不能嘲弄挖苦，否则会被众人视为没有家教。当然也有少数聪明泼辣的女青年，在男方的脚或手还未靠近自己的绣花鞋时，便会故意缩脚收手惊叫"哎哟"，引来大伙的目光，让男方羞红了脸仓皇遁去。这时人群中就会爆发出一阵开心而友好的大笑。这不算当面扫面子，这叫幽默，自然另当别论。

六、乌江民族文化符号

七、生命的赞礼

沿着古道一路走来,盐棕船号声渐渐远去,地处乌江沿岸的大山深处,古老的民族依然充满活力,生生不息。一代一代传承着自己的智慧与习俗,他们世代相继传衍。对他们而言,婚丧嫁娶,生到繁衍,都是直接关系到家族与民族的兴衰,因此乌江人对婚嫁、生育都很慎重,开始走山水长、李青、庆贺生育、丧葬奠祭、师水等诸多习俗,从这里,我们可以看出乌江人对生死的态度和对生命的赞礼。

盐油古道一路走来，虽然船号渐渐远去，地处乌江沿岸的大山深处，古老的民族依然充满活力，生生息息，一代一代传承着自己的智慧与习俗。他们世代辛勤劳作，对他们而言，婚丧嫁娶、子孙繁衍，都是直接关系到劳动力的多寡以及民族的兴旺。因此乌江人对婚丧、生育都很看重，并衍生出求子、孕育、庆贺生子、养育、哭嫁、闹丧等诸多习俗。从这里，我们可以看出乌江人对生死的态度和对生命的赞礼。

唱着山歌谈恋爱

乌江流域各族盛行自由恋爱的风俗，青年男女可以通过各种不同的社交活动寻找异性朋友谈情说爱。如苗族的"会姑娘"、"游方"、"玩花山"、"踩月亮"，布依族的"浪哨"等，而在土家族居住区，每年正月期间"玩摆手"，青年男女常以唱歌、跳舞为媒介相爱定情。有时发生两男争一女或诸男争一女的情况，女子就让两男或诸男进行比武、射箭、摔跤等，谁胜了就是她选中的配偶，其他人无权干涉。彝家男女青年恋爱还是比较自由的，可以在赶场、参加婚丧事、端阳节赛马、对歌等活动中，相识相爱，建立感情，但必须请媒说合，经过父母的同意，才能结为夫妻。仡佬族青年男女往往到"耍房"或大岩洞内对歌，来增进了解，加深情谊。一旦两厢情愿，即可告知父母进行提亲以缔结婚约，仡佬族语称之为"不海"。

踩月亮：是乌江上游苗族男女青年中流传的一种传统的恋爱方式。就是每当清风明月时，小伙子们拿着芦笙或木叶便走出家门，三三两两地来到山坡或高地上，趁着皎洁的月光，吹起动听的芦笙、木叶。优美动听的乐曲呼唤着寨内的姑娘出来赏月，颇有点"月上柳梢头，人约黄昏后"的味道。小伙子的芦笙或木叶吹过三遍之后，仍不见姑娘的面，就说明姑娘已有对象或不喜欢这位小伙子，小伙子也不必再吹，若在吹则被认为不礼貌。乐曲如呼唤来姑娘，二人可通过对歌交谈。次数多了，就产生了感情。感情通过对歌来诉说，爱慕之情通过歌来倾吐。等到二人情意相通时，也就是有了感情基

七、生命的赞礼

土家族哭嫁

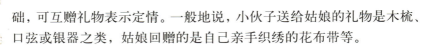

础，可互赠礼物表示定情。一般地说，小伙子送给姑娘的礼物是木梳、口弦或银器之类，姑娘回赠的是自己亲手织绣的花布带等。

浪哨：是布依族青年男女择偶恋爱的传统方式。"浪哨"一般多在赶场日或逢年过节和喜庆活动中进行。各寨的后生们都要走村串寨，寻找姑娘丢花包。通过丢花包（即用彩色花布缝成鹅蛋大小的小包包，内装米糠，又名曰"粽包"），他们可以各自选择自己满意的对象来浪哨（谈情说爱）。姑娘若看上了那个小伙子，就用粽包去投击他。同样，如果小伙子喜欢那位姑娘，当她投出粽包时，便迅速冲上前去抢接。于是，借助一个个粽包的传情达意和投击、抢接的嬉戏，他们寻觅到自己的意中人。"浪哨"的地点多在场坝一角、山坡一隅，或路旁、田边。然而，不论选择何处"浪哨"，必须是别人看得见的地方，以示正大光明。"浪哨"时，男女双方都非常尊重对方，举止文明礼貌。他们或窃窃细语，或嬉笑交谈，或低声互唱情歌，或吹木叶、吹笛子、弹月琴，借以互诉衷情。但是，双方相距在一米左右，而且要互相背面或侧面交谈。压低了嗓子的低吟浅唱。唱词多为即景生情，随口编词，随唱随和，灵活机动，且不得重复。有"初识歌""试探歌""赞美歌""热恋歌"等等。在浪哨中如果双方情深意切，便可结成终身伴侣。

刀梯上的生命

上刀梯，原本是土家人在为满十二岁的孩子还"过关愿"时举行的仪式。它意味着孩子闯过了人生旅途的关隘，已是成年人了，必将长命百岁、富贵双全。为了制造"过关"的惊险气氛，土老司们把傩戏中的传统技艺——上刀梯运用到过关仪式中来，以后慢慢地推广到其他重要活动中。每当土家山寨过年过节，或逢重要的日子，都可以看见土家勇士进行上刀梯表演。

土家刀梯，分"地刀"和"天刀"两种。踩地刀是将三十六把（也有十二把或二十四把的）锋利的杀猪刀装在刀杆上，平放地面，刀刃朝上，祭祀时，土老司打着赤脚，牵着过关童子从刀上走过。

上天刀是将刀杆竖插在地上，人踩着刀刃往上爬。表演的老艺人头戴排子帽，身穿法衣，光着赤脚，背上挂一把伞，手执牛角号，神采奕奕，走近刀梯，摇摇刀梯，高声念道："号角洋洋叫一声，弟子统兵上刀行。我娘生我一十三，从来不怕上刀山；我娘生我一十五，从来没被刀割肉；我娘生我一十八，从来不怕挨刀杀。师傅赐我铁草鞋，穿起去了提起来。抱住刀杆摇两摇，问你刀杆牢不牢。"此时三连铳的炸响冲天而起，许多牛角号一起吹响，老艺人开始上刀梯，口里念道："阳传师傅前面走，阴传师傅随后跟。吹动三声鸣羊角，弟子统兵刀上行。弟郎上去踩一把，踩两把，把把都在楼上耍，耍五把，踩六把，好似冬笋在发芽……"

观看的人为这种惊心动魄的表演瞠目结舌，叹为观止；而表演者却非常沉着镇静，踩着刀刃拾级而上，有如走石阶梯。最后，老艺人登上刀梯的顶端，站在刀锋上，吹起了牛角号，雄浑的呜呜声震动四山。或将胸膛扑在顶端刀尖上，做出高空雄鹰展翅状，旋转一周。刀梯下的人群惊心动魄，欢声雷动，锣鼓敲得一片山响。突然，三连铳再一次轰响，表示还有节目，于是刀梯下的人群立即闪开，上来五六人，迅速在刀梯周围插上竹签，然后砍断刀杆。老艺人面不改色心不跳，立刻打开伞，犹如跳伞运动员，轻轻松松、稳稳当当跳向地

上刀梯

七、生命的赞礼

面，踩在竹签上，如履平地，走向人群。

这个惊险神奇的节目已被中央电视台拍为专题节目，向国内外观众展示。

唱歌跳舞颂亡灵

居住在乌江一带的土家族人把丧礼叫白喜。见人死了，不叫"死"，而是叫这人"到丰都挑盐去了"，或说"挑盐到寨英去了"。这说明乌江人与盐的关系，非同小可。所以，整个土家族丧礼都与带来盐巴的巴人以及巴文化有关。在举行白喜活动中要载歌载舞，以歌当哭，于是，有"闹丧歌舞"的习俗。这种习俗在乌江土家族地区有着悠久的历史，据《隋书·地理志》记载：蛮人"始死，置尸馆舍，邻里少年多持弓箭，绕尸而歌，以箭扣弓为节，其歌词说平生事"。《夔府图经》也记载："父母初丧，鼙鼓以道哀……""闹丧歌舞"实际上就是土家族人民开的小型的追悼会，客观上更像是一次敬老

闹丧歌

教育活动。当老人死后，出殡前的头天晚上，孝家在堂屋或院坝设置席位，列香案，陈祭品，还要供整猪整羊，举行点祖仪式。随后，孝家便在灵堂设歌舞场，由四至六名歌手轮流歌唱，并敲打钹、大锣、马锣和鼓作为伴奏，其间穿插舞蹈，通宵达旦。这种以歌舞悼念死者，进行敬老教育活动的形式，具有独特的民族特色和浓郁的生活气息。

　　首先是唱"闹丧歌"，然后进行跳丧。一般闹丧者为土家山寨的歌师，跳丧者为土老师，观众均可参与。有些地方只唱不跳，有些地方只跳不唱，而乌江流域的大多数地方却是又唱又跳，目的都是为了"热热闹闹陪亡人，高高兴兴办丧事"。

闹丧歌形式多样，有"劝孝歌"、"盘歌"、"庚歌"、"叙事歌"等等。歌词内容从民族迁徙到社会现实，从历史人物到山川风情，从传说故事到猜谜打趣，从追述父母养育之恩到为人处事，东南西北都有涉及。可以说，每首歌都有故事情节、历史典故，有歌师演唱自身的感受，它充分体现了土家族人民聪明能干，即兴而歌，善于抒情，借景抒情的特点。

过天桥

令人心跳的巫技

　　土老司在沟通人神工作中，要使一些重要手段，表现在傩坛上尤其突出，土老司在设坛祈祷

七、生命的赞礼

与供斋醮神的祭祀过程中，还要穿插一些原始而惊险的法术表演。诸如踩刀、溜铧、翻叉、悬碗、钉牛角、隐身、接舍身刀、过天桥等。这些法术等表演是根据愿主法事内容的需要而进行的。什么法事用什么法术，达到什么目的，都有严格规定。平常是不能乱使用法术的，使用这种惊险的法术其目的是以正压邪，以高超技艺和强制性的手段强迫邪魔鬼怪服从自己的意志。

溜铧又叫杀铧。它是在愿家疾病缠身，久病不愈或家宅不宁，邪鬼作怪的情形下请土老司用烈火强行将鬼蜮瘟病驱逐的巫术活动。其做法是：把犁田的铁铧用炭火烧得通红，土老司念咒语后，用手、脚去摸、踩铁铧。表演中，土老司向烧红的铧口喷上烈性酒、桐油的汁液，燃起几尺高的火苗，土老司端着正在燃烧着的铧口，向四周冲杀，嘴里发出尖锐的吼叫声。

翻叉目的是驱魔赶鬼，它比"上刀竿"、"溜铧"更惊险。很早以前举行"翻刀叉"要用童男童女祭祀，这实际上是远古人祭遗

溜铧

踩刀

俗在傩坛中的反映，后来才改为杀鸡取代。表演"翻叉"必须由亲生父子或兄弟来承担，否则谁也不肯冒此危险。进行"翻叉"表演，土老司为了收斩恶鬼，要用十二把钢叉向另一个代表恶鬼的土老司猛烈投刺，或对准喉头，或对准胸口、脑门、胯下，对方则单手一一将钢叉准确地接在手中，稍不谨慎就有丧命的危险。因而过去主家举行"翻刀祭"仪式，事先都要把土老司的寿衣、棺材准备好，一旦出事，由主人负责安葬。如不出事，主家要奖励土老司马匹、衣服和一定数额的银钱。

七、生命的赞礼

劈推目的是驱逐鬼邪。愿主家因人丁不旺孩子得病，久病不愈。于是来请傩法师掐时、问卦，傩法师根据病人的生辰八字，对照患病时间、得病日期，推断出病人是冲犯了什么神、鬼和邪精。傩法师再向愿主说明要用冲傩还愿，驱邪劈推的方法才能解决。愿主答应以后，双方就定下冲傩还愿的期辰，期辰也可以待问卦人回去与家人商量后，再来同傩法师根据犯不犯凶期等共道现象进行决定，一般都选大吉大利的日子，以免犯讳。而且多选在秋收以后，农闲之时，以不误农时。在必须抓紧冲急救傩，这样就可以不还愿，只冲傩驱邪。

愿主先抬来一副大石磨，放在愿主家堂屋内。法师经过一段祭鬼、祭师仪式歌舞以后，就穿着法衣，一手拿师刀，一手执牛角，由两人将他抬去仰面横放在堂屋中的两根长板凳上，法师卧在板凳上只有背肩部位和小腿部位两部分接触板凳，其身躯中间部分完全悬空。另外四人将大石磨抬来放在法师的胸膛和肚皮上。上千斤石磨压在傩法师身上，法师面不改色，神态自如，有说有唱，还能吹牛角，舞师刀。

磨子压在傩法师身上后，另一法师就办法事，还要将三碗苞谷籽在石磨上缓缓磨成面粉。法师一边推一面唱，压着的法师还要吹牛角，与众人一同唱，直到苞谷籽推完为止。推完苞谷面，众人才将大石磨抬下，抬下石磨后，仰卧的法师前去谢神、谢师。并将病人生辰八字礼袍符咒以后焚化，又将一张符纸拿去放在病人睡的席

乌江——远山的歌谣

傩坛中的下油锅（巫技活动）

子下面，然后就举行"打火烧"、追鬼等清宅驱邪活动。把邪精追出傩堂以后，就全部收在一个纸糊的魂瓶（盒）内，放入瘟船中，接下去就举行"送瘟船"，演唱打替身开红山的经过苦情（张礼、张孝的故事），最后才将瘟船拿去村外十字路口烧掉，一般都在天刚亮时去送瘟船。

下油锅是"冲地傩"法事中的一种，是傩法师们使用的一种原始占卜，判断形式。主要用来发现和裁判犯罪之人。

如某村寨发生了一桩公物或私物被偷盗事件，一是怀疑是本村中某人偷了，但不知是谁，就用"下油锅"的神断方法来判断谁是盗窃者；一是某家东西被盗，怀疑是某家人偷去了，被怀疑者不依，要求用"下油锅"的方式来说明自己是清白的。

"下油锅"仍要举行扎坛、开坛仪式，一般需要一天一夜的时间。如是前一种情况则需行三天三夜的大傩法事，一切都与其他冲傩相似。只是从开坛以后，就在神案前架一个火盆，火盆内烧木炭火，火盆上架铁三脚，铁三脚上放一口铁鼎罐或一口铁锅，内装大半锅香油，加火炭将油烧沸翻滚，待开坛礼请四大坛仪式结束后，法师就围绕油锅四周步罡步，将法诀抛入油锅中，并用师刀和祖师棍尖端在油锅中画讳、符。同时在傩堂中间一张小方桌上放一盆"神水"，"神水"是经过傩法师在天未亮即鸡叫之时，一个人悄悄去水井中取的"神水"。神水未用前，由傩法师画一张符纸盖在上面，并用令牌或师刀压在上面。下一个步骤是抓糍粑。

抓糍粑为了判断谁是盗贼，要舂一斗二升米的糯米粑（糍粑数量可以依人数而定）多少，到时将糯米粑一个一个地放入油锅中，凡是被怀疑的人，或全村的人都轮流来抓糍粑。抓糍粑前，先要在神水盆中洗手，洗了手以后，就赤手伸到沸油中去抓糍粑（包括观者），糍粑在油锅炸熟，漂浮在油面上，无罪的人手在沸油中抓糍粑毫无感觉，如是犯罪者手入沸油中，油就会猛烈爆起油点子，爆起的油点子直喷犯罪人的脸面，同时手亦被烫伤。慑于此种威慑，很多犯罪者只好当场供认不讳，或悄悄地向头人承认自己的犯罪事实。

如果是后一种情况，被冤枉怀疑者忍不下被人怀疑的这口冤枉气，就会自动请法师来家中设坛。法师根据主人的意愿，就来主家冲地傩解阳结，有的法师还要征得另一家的同意才能设坛。设坛以后，仍然要举行开坛仪式，然后由法师将鸡血弹向空中，血点正去的方向是被报复之人家，其家必有血光之灾。一般较难有这种报复的出现，除非双方仇恨太深，大都使用和解的方法。和解时，由法师当众杀一只鸡（一只鸡、一斤酒均由怀疑一方供给）将鸡血滴入两只酒杯中，双方在众劝说下碰杯饮酒，以示和解，或解除误会。

口含红铁是傩法事"钉胎"中所表演的一种技巧。法师们认为，女人怀胎以后，如果惊动了某种邪鬼，就会多次出现流产现象。为了保住所怀的胎，怀胎之家必须请法师来施法术"钉胎"，以保证不流产。

首先，某家因多次出现流产现象便去请问法师是什么原因所造成。法师根据病人的生辰八字来推算，从而断定是得罪或撞上了什么鬼，再决定用"钉胎"的方法去解决。

"钉胎"是一种比较小型的法事活动，因而不惊动众多的法师，一般都只由一位法师去办理，时间都是选定在晚上夜深人静之时。"钉胎"须雄鸡一只，最好是刚开口学叫的小雄鸡。一些香，一些纸钱，一块刀头肉，一碗炒豆腐，三杯酒，一根犁田的钉耙齿，木炭等。凌晨 1 点左右，法师开始作法，仍要简单地开坛礼请诸神及传师，有的还要传文占卦，法事时间不长，一般只需 30 分钟左右。主人家必须备一盆炭火，到时将钉耙齿在火盆中烧红，法师做守开坛观师法事后就到火盆前简单歌舞、挽讳、念咒语等，随后就用师刀将"红铁"从炭火中"勾"出来，再用一张施了符咒的草纸按住铁钉的一端，法师用口将红铁咬住，之后，法师要在堂屋中走三圈，然后含到怀胎女人的房间中，在女主人的停脚处烧钱纸、画符念咒以后，就将铁钉钉在床脚旁边，钉好以后，沾上一点雄鸡冠血，说一些吉利话以后就结束了。据说，这样做以后，主人今后怀胎以后就不会再流产了。

钉胎，法师们认为是一种"打一家救一家的行为"。他们认为，法师在这一家"钉胎"以后，另一家就会出现"走胎"的现象，轻者应在猪、牛、羊、狗、猫等身上，重者会应在另一位怀胎之人身上，所以如某村寨某家钉胎，一般不准旁人去观看，特别是有孕之人，必须忌观。

定鸡就是鸡占巫术。鸡是祭神"三牲"猪、鸡、羊中使用最多的一牲，它既是神物供品也是道具。法师利用鸡能表演出许多生动活泼而又神奇的技艺。

法师认为，鸡属二十八宿中的一神，它能通天达上界天宫，入地进阴曹地府，能代人向神鬼传达某种意识，解决人的劫难。法师表演定鸡，其目的是为主家了结某种劫难，如"招魂"、"解结"、"定凶"、"了愿"等等。因为鸡是一种会跑、会飞、会叫而又胆小好动的家禽，特别是在遭到惊吓或在人多嘈杂的热闹场合时更是容易惊飞，然而法师对它施用神功绝技法术后，能使它不动不叫地"定"在一定位置上，任由众人观看和由法师随意摆布。德江法师表演的"定鸡"神功，就是十分奇特的"雪山凝"。

耐人寻味的甩神节

古今中外,人们对神都是敬而远之,生怕敬不到位,给人们带来祸害,然而,乌江中游的思南板桥的土家和苗人却打破了这一戒律。在他们的节日里,神灵被请下神坛,不但来到人群中间与民同乐,而且成为人们戏耍的对象,被凡间百姓抛来甩去。神灵们似乎也任其胡闹从不生气,以至流传至今,这就是极为特殊、耐人寻味的甩神节。

奇特的甩神节源于一个民间神话。相传板桥古时有棵高大奇特的双杈古树,遮阴避日,被民间奉为"神树",路人常聚于树下,荫佑一方,后来神树枯倒,夜放辉光;托梦于人,深感寂寞。于是村中长老商议,将神树树干雕刻成像,名为"甩神",约定每年正月十四,凡人与其同乐,让其享受一天俗世快乐。

甩神节的序幕在每年正月初九拉开。初九这天,板桥人就要到庙宇里将灵神请下神位,送到百姓家里,享受百家供奉。到了正月

祭风神

十四,人们将甩神换上新衣,用专制的轿子,将甩神恭恭敬敬抬到甩神坝。和甩神一起来此的,还有其他陪神。

被请的甩神主要有两尊,一男一女,其他寺庙中的主神,则被抬去做陪神。甩神节这天,周围村寨的龙灯、狮子灯、马灯、蚌壳灯等都要前来助兴,使得这天仿佛一场神仙和凡人的联欢大会,热闹非常。

坝子里摆好祭品,一头全猪加上果品之类,祭仪庄严而肃穆。然后,全猪被分割成块,分给在会人家。其意在于,吃过甩神享用过的猪肉,能消灾祈福,人畜平安。

当所有循规蹈矩的祭祀仪式结束后,甩神节才真正进入正题——甩神!

此时,人们把平时只能仰视的甩神抱到手中,像抱起一个需要呵护的襁褓中的婴儿,然后戏谑地高高抛起,从甲传到乙,从丙传到丁,每个人都与神灵来一回亲密接触,那甩神从供奉的对象变成了凡人手中彻头彻尾的玩具。但它似乎也因此消除了仙界的冷清与寂寞,其乐融融地融入了快乐的人间生活。此起彼伏的"喔火火、喔火火"的甩神号子,一阵高过一阵,山野成了狂欢的海洋。而助兴的龙灯、狮子灯、马灯、蚌壳灯早已按捺不住,此番一起登场,各展绝招,精彩纷呈。坝子里锣鼓齐鸣,鞭炮震天。尽兴狂欢的甩神结束后,龙灯狮子灯还要连夜继续。

狂欢之后的正月十五,生活才恢复常态,人们又恭恭敬敬抬起甩神,送回庙宇,将它复归神位,等待来年。

甩神节古时由板桥四大庙会轮流举办,各会均有会田会产,每年收入专用于轮流抬甩神的经费;此外也有民间为求福许愿,独家捐资抬甩神的。

大刀屠牛祭风神

祭风神，俗称"祭土神"，起源于元朝元贞二年（1296年），距今有七百多年历史。清朝道光年间《思南府续志》记载："印江则于六月六日，祭风神，或曰丰神，多以杨姓主其事，届日椎牛烹羔鸡鹅鱼肉五牲，毕具。跪拜仪节，迥与常殊，设楮旗于广场，曰大白小白，拜舞其前，士女倾城往观。"此俗在印江土家族苗族自治县板溪乡等地至今尚存。土家人认为，祭风神能消除旱涝之灾，求得风调雨顺，五谷丰登。

八、野味十足的文化艺术

　　乌江不仅是一道美丽的山水画廊、黄金水道，而且大山之间还盛产着充满生命活力、生活情趣和野味十足的文化艺术。那些由肢体和声音所演绎的艺术质朴而纯粹，无不弥漫着乡土的芬芳，无不洋溢着对自然对生命的善意，无不闪烁着智慧的光芒。那是生命的赞礼，那是心灵的歌唱。

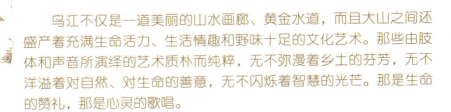

乌江不仅是一道美丽的山水画廊、黄金水道，而且大山之间还盛产着充满生命活力、生活情趣和野味十足的文化艺术。那些由肢体和声音所演绎的艺术质朴而纯粹，无不弥漫着乡土的芬芳，无不洋溢着对自然、对生命的善意，无不闪烁着智慧的光芒。那是生命的赞礼，那是心灵的歌唱。

古朴原始的乌江戏剧

乌江黄金水道，自古通航，尤其川盐从乌江上下游进入境内，随之也带来了中原文化。中原文化与土著文化相碰触，便产生了一批古朴原始的乌江戏剧，这些戏剧极大丰富了乌江人的精神生活，并在中国戏剧史上占有一席之地。

"撮泰吉"在彝语中的含义是"人类刚刚变成的时代"或"人类变化的戏"，简称"变人戏"。流传于乌江上游的威宁县板底乡裸嘎村。这是目前最原始的一种傩文化形态。

"撮泰吉"的传说由来已久。传说在很早以前，有一年，阴历六月初二降大霜，所有的庄稼都被冻死了，又无翻种的种子，人们无法可想之际，凑巧有几位"撮泰吉"老人把种子带来了，人们有了种子，重新翻种，当年获得丰收。后来，人们遇到天灾人祸，年景不佳时，便在正月初三到十五晚上，化妆扮演"撮泰吉"，旨在驱邪祟迎吉祥，祈求风调雨顺、五谷丰登。演出地点选择在村旁山间的一块平地上。若遇天灾人祸，年成不好，则隔几年才举行一次。

"撮泰吉"在表演时所戴的面具是作为神灵看待的。其制作工艺非常简单：将杜鹃、漆树等硬杂木锯为一段约40厘米长的树段，一剖为二，按艺人的想象用斧子削劈成有鼻子的脸面毛坯，再用凿子凿出嘴、眼，一件白面的"撮泰吉"面具便算初具造型。面相不分男、女、老、少，唯以有须无须来区别性别和年龄。色彩单一，不用油彩精心描绘，只用墨汁或锅烟随便成黑色，演出前用石灰或粉笔在额上画出道道白线。其风格可用八个字来概括：懑憨、稚拙、怪诞、夸张。

戏剧活化石傩堂戏

乌江傩堂戏很早以前属于中原文化，随着乌江盐油古道的中兴，进入德江、思南、沿河、印江、石阡、务川、道真等县。发展到了明清时期，傩堂戏在这一带十分盛行，几乎遍及各地。据不完全统计，20世纪末活动在这一带的傩堂戏班子就有1000来个。仅德江县就有傩堂戏103坛，思南县100坛，道真仡佬苗族自治县有傩堂戏46坛。只是各地叫法不一，如德江叫"傩堂戏"、思南叫"傩坛戏"、务川叫"冲傩"、沿河叫"还愿戏"等。从演出风格而言，德江、思南、沿河、印江等地更为古朴、粗犷、原始。

黔东北一带自古巫风盛行。清代光绪《思南府续志》记载："祈禳、各以其事祷神，逮如愿，则报之，有以牲醴酬者，有以采戏酬者"，又载："冬日傩、夜间举，皆古方相逐疫遗意。迎春则扮台阁，演古戏义，沿街巡行，以畅春气"。傩堂戏与驱鬼逐疫的宗教祭祀活动是紧密相连的。民间有"一傩冲百鬼，一愿了千神"的谚语。目前黔东北一带的傩祭活动主要有"冲傩"和"还愿"两大类。"冲傩"是一种镇压性的、强制性的驱邪手段，"还愿"则是一种酬谢神灵、祈福禳灾的活动。

厮杀搏击的地戏

安顺地戏广泛流行于乌江流域的安顺市西秀区及市属的平坝、普定、镇宁、清镇、花溪等10多个县。"地戏"顾名思义，就是田间地头表演的戏剧，这是安顺屯堡人对这种戏剧的自称，其实，它是古时军队中用来振奋士气、恐吓敌人、保证出师胜利的军傩仪。其特点是带脸子表演，只用一锣一鼓伴奏，采用第三人称说唱本为

乌江——远山的歌谣

地戏表演

　　脚本，只表演以正史为主线的勇武故事，故有"军傩"之称。

　　安顺地戏已有六百来年的历史，其存在与明初开发黔中安顺有关。朱元璋为了巩固西南边陲，派颍川候傅友德为征南将军，永昌侯蓝玉，西平候沐英为左右副将军，率步骑三十万出征云南。大军于洪武十四年（1381）九月出发，分两路入云南，一路由郭英、陈桓等率领，从永宁、乌撒入滇，大军则由傅友德亲自率领，由辰沅进入今贵州地界，十二月到达安顺。朱元璋令安陆候吴复在阿达堡寨择地修建了现在的安顺城，安顺城及周围成了朱明军队的大本营。至云南平定，又在这里大屯军，以固边实。而这些当年南征军队屯集的驻地，正好是现在安顺地戏的昌盛点。今天的地戏大都分布在屯、堡、旗、关、哨等一类当年屯保军的村寨。

　　地戏是男人的专利，表演者全是男性，忌讳女人参加。每年春种秋收之际，逢年过节之时，屯子里的地戏班子都要演上几天几夜。演出时，演员们身穿土布长衫，腰间围着绣花战裙，背上扎着靠旗，从头顶上垂下黑纱罩住面部，额上戴着木制的各种面具，上插野鸡毛，乐器只有一面锣一只鼓。戏剧开场，锣鼓一通震天响之后，演员们便伴随着锣鼓铿锵之声载歌载舞。

独特的地方剧种——阳戏

所谓面具阳戏，就是表演者戴着面具演出，广泛流传在乌江下游的酉阳、沿河、思南一带。当地老百姓俗称"木脸戏"或"鬼脸壳戏"，又称之为"还愿戏"，它因乡民还愿而起，如家中老一辈成员中有人凶死，健在的家庭成员患上怪病或者家中有凶兆出现的，他们会认为是不祥之兆，需许愿驱邪去魔，祈求保佑家人平安；如果某人结婚多年没有怀上小孩，就许愿求子；即将搬新家的主人则许愿给新房驱邪，祈求平安；以前曾经许愿为长辈祈寿求福的，一旦许愿灵验（如阳戏表演后家中成员怪病消失或家中添子，等等）就要演唱阳戏，达到娱神还愿的目的。因还愿目的不同，酉阳面具阳戏有子孙戏、福戏、贺寿戏、仕进戏、婚娶戏等多种。

乡土浓郁的花灯戏

花灯戏是乌江流域较古老的剧种之一，在花灯舞基础上发展而成。明清年间即已传唱。流行于酉阳、彭水、涪陵等地则名为丝弦灯戏，贵州沿河、印江、思南、德江、务川、道真一带名为花灯戏，或高台戏。因各地风俗语言习染有异，故在总体相同中又各具特色。以乌江下游的彭水一带灯戏而言，春节叫"贺年灯"，祭扫叫"清明灯"，生日叫"寿灯"，婚嫁叫"喜灯"，烧香还愿、集市开场叫"公灯"。其剧目有60多个，诸如《打锁审子》《雪山放羊》《大说媒》《错姻缘》《唐公挑担》《山伯访友》《驼子回门》《姐妹观花》等。

思南高台戏

或借取传统，或提炼生活，方言土语，比喻歇后，活泼通俗。

黔东北花灯戏是在土家花灯歌舞的基础上，逐渐吸取傩戏、川戏、湘剧、辰河戏以及其他戏剧的表演形式而构成的。因搭高台演出，故又称高台戏。

滑稽的木偶戏

木偶戏，主要盛行于乌江中下游一带，以石阡、印江木偶戏最具代表性。

石阡木偶戏，为宋元时杖头傀儡的遗存。据口传资料，大约在200年以前，由来自湖南辰溪的漏匠吴法灵（艺名）传入，至今已有七代传人。至上世纪四五十年代发展到鼎盛时期，拥有太平班、兴隆班、天福班、杨本家班、泰洪班等。尊汉代谋臣陈平为祖师，木偶戏传入石阡初期，称为"木脑壳戏"，后改称"木斗斗戏"，艺人们自称其为"短台"。

木偶戏的基本要素包括唱腔、锣鼓牌子、"头子"、戏装、道具、表演等方面。唱腔包括高腔和平弹两种类别,锣鼓牌子主要有"大出场"、"小出场"等十余个牌子,"头子"分为生、旦、净、丑四个行当,戏装包括盔头、方巾、蟒袍、拷子、折子、披挂等部件,道具包括各种兵器、"肚腹"、"踩脚"、"手柄"、髯须等部件,表演包括表演手法、身段等。

石阡木偶戏舞台布置所用的全部材料为竿、围布、棕绳以及少许木制道具。根据不同的演出场合将木偶戏划分为"庙会戏"、"愿戏"、"众戏",其中"愿戏"又可再分为"还愿戏"、"驱瘟戏"、"驱蝗戏"等。石阡木偶戏现为国家级非物质文化遗产。

生命碰撞的江歌

乌江号子,这是行吟在时空深处的歌谣,它宛如千里乌江上的天籁,蕴含着一种与生俱来的苍凉意味。乌江河道峡谷连绵,滩多水急,船筏难行,民间有"乌江滩连滩,十船九打烂"之说,亦称"乌江天险"。在乌江行船,需要撑篙、划桨、扳桡、拉纤等多种水上劳动方式的配合。乌江号子是乌江船工们为统一动作和节奏,由号工领唱,众船工帮腔、合唱的一种一领众和式的民间歌唱形式。船工们根据水流急缓和劳动强度的大小,为统一指挥、协调动作、避免事故而喊唱不同号子。号子的唱词多为船工即兴创作,往往以沿江的地名、物产、历史、人文景观为题进行编创,具有丰富的知识性,采用比拟夸张等手法,种类较多,主要有"开船号"、"钩船号"、"过河号"、"扬花号"、"平水号"、"横梢号"、"收纤号"、"出艄号"、"下滩号"、"盘滩号""夺夺号"等20多种曲调。总体上具有雄壮激越的音调,又有悦耳抒情的旋律,在行船中起着统一摇橹、扳动和调剂船工急缓情绪的作用。

乌江号子高亢、粗犷、质朴。除了一领众和的二部结构外,还

八、野味十足的文化艺术

乌江——远山的歌谣

船工号子

有为数较多的，加副领唱形成的双领众和的三声部结构，这类号子非常富有特点：其中第二声部的主腔，以陈述为主，具有完整的旋律；第一声部为衬腔，以抒咏为主，它时隐时现，对主腔起到陪补作用；三声部是和腔，节奏深沉有力，是对领部的应和，是我国民间合唱中比较有特色的衬腔复调音乐。

若在水势陡急的上滩，号子是拉纤者统一行动的号令和闯滩的兴奋剂，"一声号子我一身汗，一声号子我一身胆"。船工们就唱"上滩号"或"盘滩号"。号子声扎实铿锵，高亢激昂，能压过咆哮的江水声，远传数十里外。它没有弱拍，也没有歌词，音调非常简单。分三组五声部以衬腔呼应。整个号子均以和声式进行，宫调原位和弦、转位和弦交替出现，透视出声部，明亮而强烈。进入高潮时，节奏加快一倍，气氛更加热烈。

阿西里西是出自于乌江源威宁县盐仓镇的彝族民歌调。"阿西里西，阿西里西求堵楼那的求堵楼，求堵那里求堵那的喔阿喔啊，啊呀求堵那麻翁啊是嗡"。词的大意是：快来吧！快来吧！让我们一起来钻篱笆。这情景会让你想起在一个月光如水、火把通红的夜晚，一群粗犷通红的彝家小伙子和天真可爱的彝族家少女，正手牵着手地跳起快乐的歌舞。

《阿西里西》由于其旋律优美，奔放，极具地域和民族特色，在 1960 年参加贵州省文艺会演时就一鸣惊人，被拍成电影搬上银幕声名远播。

南溪号子：流行于重庆市黔江区土家族南溪村，有"南溪左右两面坡，男女老少会唱歌"之说。南溪号子源于劳动中解乏鼓劲的劳动号子和山歌号子。歌词多为即兴创作，看到什么或想到什么就唱什么，无伴奏乐器，但其腔调和唱法却比较固定。唱腔主要有大板腔、九道拐、三台声、打闹台、南河号、喇叭号等十余种。喊号子一般不少于 7 人，其基本唱法为一人领喊，二人或三人扮尖声（即喊高音），三人或更多的人喊低音，众人帮腔，从而形成高中低声部互相应和、在山野间悠扬激荡的天籁之声。一首号子多为 4 句，一句 7 个字，中间有大量衬词。如：

新打船儿下余渡，余渡有个两夫妇，

生下幺姑一尺五。六幺妹生下地，

团团转转把媒提，幺妹还在娘怀里。

啰儿调：是石柱土家族人喜欢唱的一种山歌，调因山歌唱词中有"啰儿"而得名，与中国唐代巴渝地区广泛流传的竹枝词一脉相承，具有 1000 多年的悠久历史。

"啰儿调"旋律简洁，唱腔中少有装饰，行腔起伏流畅、自然，便于在乡间传唱。其调式多为徵、羽、商调式，既有传统曲目，又有现场发挥的即兴歌调。歌词句式大多为七字句，即兴填词，看到什么唱什么。有的歌曲调相同而词不同，颇有"竹枝词"遗风；有的歌词直白通俗，大量地运用"啰儿"、"啰儿啰"、"啰"等习

惯性方言衬词，使曲子音调与当地土家族方言的四声声调紧密结合，率真地表现了土家人乐观、豁达、睿智、幽默的性格，从而形成独特的风格和韵味。

"啰儿调"最具代表性的是传唱全中国的《太阳出来喜洋洋》："太阳出来啰儿，喜洋洋啰儿嘟啰，挑起扁担嘟嘟扯，哐扯，上山岗啰儿，……"

"啰儿调"既可独唱，也可对唱。《街上妹子下乡来》就是一首典型的"啰儿调"对唱歌曲。"男声：街上妹子（噻），下乡来（哟喂），灯笼裤脚嘛（啰儿啰），是红绣鞋（哟喂）；青布围腰（嘛噻），花腰带（哟喂），风流调子（嘛啰儿啰），扯出来（哟喂）。女声：对门娃儿（噻）你莫想凶（哟喂），背上背个（嘛啰儿啰）蔑弓弓（哟喂），恁一弓来（噻），是那一弓（哟喂），弓得你幺妹（嘛啰儿啰）野老公（哟喂）。"

土家交响乐——打溜子

打溜子又叫打家伙、打响器、打围鼓，是流传在乌江流域土家族聚居区的一种古老而优美的打击曲牌音乐。多用于庆贺年节、寿诞、乔迁之喜、婚嫁场合，通常站着演奏，婚嫁时则边走边打，分为三人溜子、四人溜子、五人溜子、六人溜子。

打溜子的基本乐器由小锣（又叫勾锣）、头钹、二钹、大锣等四件打击乐组成。有些曲牌还加唢呐、板鼓伴奏。打镏子关键是要配合默契，还要根据曲牌旋律的提示，根据所需表现的主题，用独特的演奏技术，模仿出山的呼唤、水的流声、鸟的鸣叫、兽的驰骋等各种自然声响，使人如临其境。演奏时要求钹有闷击、亮击、侧击、柔击、挤钹、盖边等奏法，小锣有单锣、花锣等不同演奏法，大锣有打心、打边、长音、短音之别。演奏技法要求严格。一般总是小锣先行，起着领衔作用；钹甚活跃，来回穿插；大锣则落在强拍和句末，起作定段和收尾作用；鼓较自由，在合奏中总是承担着节奏

打溜子

的主要声部,并贯穿其始终。

唱歌耕种打锣鼓

明朝嘉靖年间《思南府志》中就有"唱歌耕种"的记载。鼓声伴奏下,一边唱山歌一边做活。

那铿锵有力的锣鼓声和激越悠扬的山歌声融在一起,山鸣谷应。舒缓处如微风拂面,清脆处如高山流水,高亢处似春雷滚动,奔放处似大江汹涌。这山歌,思南一带叫"打闹歌",德江、沿河一带叫"薅草歌",重庆那边叫"薅草锣鼓"。

土家人居住的许多地方山高坡陡,土多田少,满山遍野都是苞谷。从前端阳一过,苞谷封林,杂草猛长,土家人就开始打酒,烧腊肉,推豆腐,蒸粑粑,聘请唱"打闹歌"的歌手。要不,除草干活,累得要命,背驼得像把夜壶,不敲锣鼓凑热闹,不唱山歌提精神,那多难过!

"打闹歌"有着悠久的历史。两千多年前,土家族先祖巴人来到武陵山区,开荒种地,立房造屋。由于林密山高,人烟稀少,成群的野兽常常出来咬伤人畜,糟蹋庄稼。人们为了生存,就敲打竹筒,生野火,唱山歌,以驱赶野兽,保护人畜和庄稼,正如一首竹枝词唱的:"溪州之地黄狼多,三十六冈尽岩窠。春种秋熟都窃食,只怕土人鸣大锣。"这种习俗后来渐渐用到劳动中,一人击鼓、一人打锣,众人唱歌,互相呼应,久而久之,就成了现在的"打闹歌"。这种歌的歌词有传统的固定式,也有随兴制作的即兴式。内容有唱农事、唱狩猎、唱生活、唱爱情等等。鼓点雄浑高亢、厚重,且因地因人而异,如思南县南盆一带,就有《大号》《小号》《花号》《太阳号》《送郎号》等,长长短短,共有四十几套曲牌。其歌词由"歌头"、"请神"、"扬歌"、"送神"组成。

长号悠悠土家情

长号唢呐在乌江土家族地区流行较广,它是一种传统的艺术形式。一般以长号唢呐为主,配以锣、鼓、苏铰、尺(吃)口(类似鼓板)、二胡、笛子等,全套为"一泼"或"一堂"。称"八音师"或"八仙师",俗称"嘎喇客"。唢呐声清脆圆润,长号高亢浑厚。长号、唢呐、打击乐配合使用,相得益彰。它有灵活多样的演奏形式,可一、二人吹奏;也可四人吹奏,叫"双吹双打";有单拨吹奏;可坐堂吹奏,也能引进演奏,不受场地、时间、气候的限制。它有较固定的演奏程式,一般是先打"报锣",敲"盆鼓"(形似盆,仅一面有皮),再吹长号、唢呐,配以打锣鼓钗子拉琴吹笛等。钗在使用时不是两钗双面合击,而是单面与桌面合击。吹奏分"上手"和"下手",又称"正手"和"副手"。上手吹奏较高亢的主旋律,下手则以较低沉的和弦有节奏地紧密配合,浑然一体,圆润悦耳。

唢呐曲牌大致分正调、小调和散调三类,计30多曲,正调有大簧音、小簧音、矮簧音、将军令、海音、金锣索、放排、易音、天音等，用于正式场合和隆重礼仪。小调有大开门、小开门、刮地风、半边调、蚂蚁上树等，用于正调一曲与另一曲之间，起承前启后转换作用，收尾用小调。散调有小堂红、正宫调、小宫调、水陆音、一字调、四字调、六字调、梳妆调、离娘调等，多用于迎送客人等非正式场合。打击乐及二胡、笛子则依照唢呐的曲牌分别配以燕撇翅、红绣球、望天星、硬六捶、倒六捶、凤点头、撮箕口、水波浪、幺二三、牛擦痒、金线吊葫芦、鬼挑担等16种锣鼓谱。

长号不常吹，一般在节日或一定仪式的每项程序间吹奏，分为"三声号"、"六声号"、"九声号"。一般吹三声号和六声号，均是最后一声高音；还愿等吹九声号，后三声高音。

长号唢呐具有浓郁的民族特色和乡土气息，演奏适用面广。民

八、野味十足的文化艺术

土家族唢呐队

族民间节日、做斋、办道场、祭祖、祭土老司、接亲、祝寿、迁居、建房上梁彩门、朝山、民俗活动、大型农事活动等，都以请有八音师为荣，以示隆重热闹和富有。演奏礼仪非常讲究，禁忌较为严格。八音师受请，除丧事外，经过的村寨都要吹奏。每从事一堂吹奏，主家先给八音师挂红，以鞭炮迎送。摆上好的烟、酒、茶、糖果和有象征意义的毛盖菜（形似唢呐口）、笛子肉等佳肴款待。安席时每一轮要给八音师上一道好菜。喜事结束，八音师走到主家门口回头边吹边行礼，向主家道谢。喜事方面，长号唢呐都"吹进不吹出"，表示把福禄寿喜为主家吹进来。丧事时"吹出不吹进"，表示把邪瘟吹走。故有"令牌不乱打，唢呐不乱吹"之说。

长号唢呐还能与龙灯、花灯、狮子灯、马马灯、焰火架、铜铃舞、傩堂戏等民族民间文艺表演配合，烘托气氛，制造声势。

长号唢呐队伍的组织形式既紧密又松散。一拨班子大都由本村寨或近邻组成，有"父子兵"、"兄弟兵"或由至亲组成的"一家班"。由于有比较固定的曲牌和锣鼓谱，拨与拨之间可以联合或相互调配。

长号唢呐是土家人民喜闻乐见的艺术形式，有广泛的群众基础。在普及的基础上有提高、有发展。为适应群众对文化生活的需求，一些艺人在实践中摸索，演奏形式由一人吹奏一支长号或唢呐，提高到一人同时吹奏两支。还可二人分别一只手交叉，相互用手指按吹。由坐堂、行进吹奏发展到边吹边跳，或在地上边吹边做翻滚动作的唢呐舞，或按套路在场坝表演一些节目。艺人中的多面手能吹能打，能拉能奏。有的艺人在诸多曲调中去粗取精，结合民间习俗，编谱新的曲调，如"上山调"、"贺新郎"、"迎新娘"等。

江河似的激情宣泄

乌江流域的各民族是一个个彪悍、豪爽而充满激情的族群，他们自原始部落时起，就养成了敢爱敢恨、敢歌敢泣的秉性，习惯于用肢体和声音表达生命,喜欢面对滔滔的乌江宣泄激情,经过漫长岁月的演变,原始的歌与舞就渐渐有了相对固定的表现形式和规范。在乌江名目繁多的歌舞中,流行最广、最普及的是傩舞、摆手舞、芦笙、铃铛、大迁徙、肉莲、花灯等。

傩舞是乌江地区最为原始的舞蹈,它贯穿于傩堂戏的整个开坛法事和傩戏中。法事中的舞蹈,舞步严谨,恪守师规,庄严肃穆,轻盈飘洒;戏剧中的舞蹈,表演活跃,动作夸张豪放。按师娘教和茅山教教派又可分为文舞与武舞两种,文舞阴柔、轻细、绵长,以柔美为美,特别女性化;武舞以刚健、粗悍、野性、质朴为主,以粗犷为美,特别男性化。

人们只要到乌江流域的土家族地区去,凡有集镇的地方,当夕阳西下,月亮升起来的时候,大小院坝里一群男女在跳一种古朴传统的舞蹈,土家人称之为摆手舞。

摆手舞起源于古代祭祀中的娱乐活动。巴人的历史有多长,土

傩舞

八、野味十足的文化艺术

乌江——远山的歌谣

家歌舞的历史就有多长。巴人立国之前，中原的早期文献中便有巴师"前歌后舞"助武王伐纣的记载。后被周武王亲自编定为"大武舞"。巴人帮助刘邦平定三秦，刘邦称帝后，将巴人舞蹈引入宫廷，由乐师编排成四篇，定名"巴渝舞"。魏晋时，"巴渝舞"又由王粲、傅玄改编成为宗庙祭祀舞蹈，由世俗走向了神坛。当中原地区的舞蹈被宋元时代兴起的杂剧扬弃取代而逐渐失去其独立价值的时候，土家舞蹈却在武陵山区这个僻远的地方延传下来，成为土家文化的重要内容而流传至今。在土家现在流行的摆手舞中，我们还能看到它在踢踏摆手往复回旋间依稀残留的古代祭祀歌舞的原始遗形，以及其后作为"丛林战舞"而具有的猛锐刚强的风格特征。

　　人群中央几丈长的竹篙子燃烧着熊熊烈火，四周的篝火也已点燃，急雨般的木鼓声渐渐变成滚滚雷鸣。雷声戛然而止，土老司开始领唱摆手歌。一人领唱，万人应和，欢快的摆手舞开始了。火的海洋又掀起波澜。踢踏摆手，恣意酣歌，光焰涌动，声浪如潮。这是生命机能的寄托，情绪得到了最大限度的释放，自身真真切切地

土家摆手舞

体验到一种生命的鲜活感。酒不醉人人自醉，那上下翻飞左右旋转的摆，将浓浓的情谊摆出来，将深深的爱意摆出来。人们因此而陶醉，因此而沉迷。"舞低杨柳楼心月，歌尽桃花扇底风"。狂欢，一直要持续到深夜方才息歇。

摆手舞活动至今还在土家族地区盛行，乌江岸边的酉阳自治县还被国家命名为"摆手舞之乡"。

芦笙舞，苗族称之为"祝嘎"，是苗族的主要舞蹈形式。苗族最有代表性的乐器是芦笙，最有代表性的舞蹈也是芦笙舞。芦笙舞的舞步形式复杂多变，丰富多彩。大致可分为芦笙集体舞、四人舞、双人舞和独舞等几种类型，以集体舞的场面最热烈，而以双人舞和独舞的技巧最复杂。

芦笙集体舞，又称为芦笙排舞，以排芦笙伴奏，芦笙由五支、七支、九支和十几支甚至几十支组成，按大小顺序排列，以最大的一支领头，加以芒筒协奏。吹笙者边吹边跳，始终保持"一"字队形。姑娘们把芦笙队围在中间，或尾随着芦笙队，随着曲调节拍，翩翩起舞。芦笙集体舞流行于乌江等广大苗族地区，有慢步舞和快步舞两种表演方法。

铃铛舞，俗称跳脚，彝语称"悬合呗"，意为灵体告别舞，是彝族人民在祭祀场中演跳的一种传统民间原生态舞蹈。此舞在乌江流域的赫章保留着完整形态，尤以该县珠市乡为典型。

铃铛舞具有载歌载舞的显著特色，舞者先歌后舞，歌舞相间。此舞无音乐伴奏，靠鼓点及舞者摇响手中的铜铃来统一动作，偶尔唢呐作间隙吹奏。通过祭祀活动，跳"悬合呗"，唱祭祀礼仪之歌，以尽子孙后辈之孝，祭奠逝者，安慰生者。铃铛舞所表现的内容为彝族人民传统的生产生活场景，经过艺术化处理，内容健康，风格朴实。由于彝族有婚嫁、丧葬皆歌舞的习俗，铃铛舞又具有广泛的群众性，因而得以世代相传，并保持着完好的原生状态。

铃铛舞蕴含着厚重的彝族文化。它既有独特的舞蹈艺术价值，

又具有历史、伦理、哲学等多方面的认识价值。铃铛舞作为彝族人民不可或缺的一种精神生活方式，它能起到振奋民族精神，提升心灵境界的积极作用，因而值得传承、整合和发展。彝族铃铛舞，舞者以腰部为轴心，腰腹前后左右来回旋动，前后左右上下转腕摇铃挥舞彩带，时而抬首后仰，时而弓步前倾，时而下蹲，时而靠地翻滚，一走一停，缓急有序。男子刚健豪放，女子柔媚舒缓。男女精妙的组合使原始粗犷的悬合呗更加绚丽多姿。

珠市彝族乡的彝族同胞以千亩石林、万亩草场为舞台，幕天席地，演绎着古老的铃铛歌舞，完全是一种人与自然的和谐之美。今天搬上舞台的铃铛舞同样以其独特的艺术魅力博得观众青睐。2005 年，赫章彝族《铃铛舞》荣获第七届中国民族民间文艺"山花"奖，这是彝族文化的骄傲，也是传统民族民间文化的新生。

大迁徙舞是苗族精神生活中的一朵绚烂夺目的艺术奇葩。

苗族大迁徙舞以史诗般的舞蹈动作，叙述了苗族人民大迁徙的苦难历程，艺术地再现了苗族大迁徙的历史画卷。此舞气氛壮烈，舞步沉稳凝重，动作轻捷古朴，舞曲欢悦活泼，芦笙曲伴随古老歌谣，追思了苗族先民英勇善战历尽艰辛终于找到理想家园的漫长历程。

苗族大迁徙舞具有独特的艺术价值和历史价值。整套系统动作与苗族迁徙历史内容高度统一，舞蹈形象生动，含义深隐，极富创造力，体现了独特的艺术风格，堪称苗族迁徙的史诗与活化石。此舞所蕴含的历史内核是研究苗族历史的可靠依据，同时此舞也是把握苗族千百年来在艰苦环境中所形成的民族精神的一种直观载体。这种不畏艰险的奋斗精神正是中华民族精神财富中的一个重要组成部分。

大迁徙舞的舞蹈动作刚强、沉稳，有脚部、手部和腹部动作。它用集体舞的壮阔形式，表现群迁过程，而用单个技巧表演表现群迁途中的艰难与机智，加上优美的芦笙合奏，伴随着凄凉悲怆的歌声，把整个迁徙过程表现得真真切切，而渡过难关后的欢乐又使人感到一种胜利的喜悦以及豪迈之情。

土家莲花十八响

  肉莲花又名"莲花十八响",是土家族传统体育舞蹈,它始于清朝光绪年间,由沿河沙子土家族民间艺人杨通朝所创,盛行于乌江中下游一带。舞蹈主要以手掌击额、肩、脸、臂、肘、腰、腿等部位发出有节奏的响声而得名。它的主要动作有"秧歌步"、"穿掌吸腿跳"、"颤步绕头转身"、"双打"、"九响"、"十响"、"七响"、"四响"、"三响"等十几种。表演生动、诙谐、活泼、自由,虽无唱腔、无伴奏,但口读简谱短而有特点,可根据演唱的需要,加上舌头弹动的声响伴奏,来增添舞蹈的欢乐气氛。表演时,一般要求拍打节奏统一,动作协调,舞蹈时不计人数多少,不受任何场地限制,既不需要道具,也不需要更多服装,茶余饭后,田间地头,都自由自在地表演,这是一项群众性的健身体育舞蹈。

  花灯舞是乌江流域广为流传,群众喜闻乐见的一种亦歌亦舞的艺术形式。尤其是思南花灯很有特色,盛名远播。

  花灯的表演形式基本上是二人转,一旦一丑,旦角叫幺妹子,

八、野味十足的文化艺术

乌江——远山的歌谣

花灯

过去都是男扮女装，扎假发辫，包头巾着花裙，右手执绸边花折扇，左手执彩巾；丑角叫唐二，或干哥，反穿皮袄，扎腰带，瓜皮帽子头上戴，右手执大蒲扇。后发展到四人转、多人转。载歌载舞，但"歌"与"舞"各有侧重。跳舞时只由胡琴和锣鼓伴奏，一般不唱，唱花灯调时则着重于歌唱，只配合少许柔和的舞姿，旁边还有掌调师和掌灯人伴唱，观灯人会唱者都帮腔，是一支庞大的合唱队。

花灯表演讲究"手、眼、身、法、步"，在舞步上，丑角以矮桩为主，有丁字步、马步、碎步、弓步等；旦角以进三退二的"之"字步为主，有大开门、小开门、凤点头、丁字步、碎步、云步等。舞蹈身段方面，丑角有金鸡独立、黄莺展翅、犀牛望月、童子拜观音、鹞子翻身、鲤鱼打挺、苏秦背剑、白鹤亮翅、蛤蟆晒肚等；旦角有荷花出水、怀中抱月、孔雀开屏、观音坐莲、风摆柳、犀牛望月、黄莺展翅等。手势方面，丑角有云手、垛掌、十字手；旦角有半边月、门斗转、撮箕口、耙子路等。

打金钱竿又叫打莲花闹，由两人相互配合跳舞唱歌，边舞边唱。

这种每年春节至元宵举行的娱乐活动,是乌江中下游一带人民非常喜爱的民间艺术活动。

打金钱竿者为一丑一旦。旦角为男子装扮,女人直接装扮者极少。表演时,一般是一对二人,多者四对八人并且要有一大伙人参与击锣、打钹和帮腔,组成一个打钱竿的队伍。表演场地在院坝,或庭院中均可。

金钱竿,使用金竹或紫竹配上小钱币制成。竹竿长一米左右,两头削凿穿孔横扯,顺挂着两串小钱,形成交叉的十字架,以便舞蹈时拍打,互相冲击,产生出多种音响,与唱歌节拍韵脚合拍。竿的两端还要系上结成绣球的红绳飘带,垂吊绸须,使其伴随舞姿飞扬,别有风趣。

打金钱竿的舞姿有"犀牛望月"、"观音坐莲"、"懒牛伸腰"、"盘地龙"、"两相好"等等。唱词内容有:《过门》《蟒蛇记》《十二月歌》《风调雨顺》等,还有结合时代发展新编的歌唱新时代、好政策等的颂词。

惊心动魄的炸龙飞舞

在乌江土家地区,都有正月十五玩炸龙的习俗,尤其是思南、德江炸龙很有特色。

德江炸龙于2006年被列入贵州省首批非物质文化遗产保护名录。传说唐时因久旱无雨,土家先民们就按主管风雨的"应龙"神话故事和"舞龙"图腾文化,竹编草扎应龙和舞龙,对天求雨未果,气愤的人们用火炮对准应龙和舞龙猛炸,始得雨下。德江炸龙历史悠久,早在明永乐八年(1410),德江就有了"舞龙求雨"的图文记载。德江炸龙主要程序包括起水、亮龙、送帖子、入户舞龙、送龙宝、赛龙、炸龙、烧龙等。龙身按制作材料分为草龙、篾龙、布龙、纸龙四种,按五行分,有青龙、红龙、绿龙、蓝龙、黄龙五种。德

江炸龙精彩之处在于舞龙和炸龙，而尤以炸龙最精彩。德江炸龙充分展示了德江土家居民的原始、勇猛和野性，即史书所云"民顽俗骁"。每年正月十四、十五，德江人扶老携幼云集县城，观赏一年一度的炸龙盛况。

正月十五炸龙灯：每年正月十五吃过大年饭，各路龙灯脱去龙衣，重现大街，迎接人们轰炸。舞龙者身着短裤，光着膀子，头扎红巾，臂缠布带，在灯笼火把的照耀下，敲锣打鼓，开始沿街逐户恭贺送福。这时，主人家早已备好成箱、成堆的烟花爆竹，并请来帮手，只要龙灯一出现便将数十杆鞭炮和几十筒烟花对准进行密集轰炸。居民不分老少，围追堵截，争相追炸。随着各路龙灯的相继出现，数十条龙灯把整个县城"煮"开了，万人空巷，火光冲天。在城区十字路口，三五条龙缠绕在一起，上百杆鞭炮发出震耳之声，纸屑翻飞，惊叫声一浪高过一浪。团团火花追逐着舞龙者赤裸的肩背绽放闪烁，滚滚浓烟围绕着条条巨龙弥漫纠缠。锣鼓声、鞭炮声、欢呼声响成一片，场面热闹、疯狂且壮观。舞龙者跌跌撞撞，相互搀扶，在火光的映照下，只见一堆发亮的背在蠕动，人声鼎沸，烟雾弥漫，空气中充斥着刺鼻的硫黄硝烟味，整个县城一片喧嚣扰攘。正是："黄龙翻腾出人海，火树银花不夜天"，"一炸龙灯动四方，观者如云万众狂"。

怪异的土家板凳龙

在乌江流域的土家族龙灯，可谓丰富多彩，花样百出，如炸龙、脚盆龙、草把龙、板凳龙等。

板凳龙顾名思义，就是以板凳为龙，每条凳由两人组合，举凳表演。最初，板凳龙是土家人在求神祭祀，祈求风调雨顺、五谷丰登，逐户敬神时，以长条板凳为龙，举凳舞龙祭祀的一种活动，后演变为以板凳为龙娱乐的传统民俗。

板凳龙有两种样式。一种是简式板凳龙，由二人或三人举长凳为龙，持板凳做各种动作，有左穿、右穿、跳跃、俯卧、直冲、穿花、拜四方等。以锣鼓伴奏，锣鼓打得慢就舞得慢，打得快就舞得快，极快时只见板凳飞舞不见人在其中。另一种是"篾扎板凳龙"，即用竹篾扎成龙形置于板凳之上，以木脚示龙爪，造型美观、逼真。耍板凳龙又分两种舞式，一为独凳龙，一为九节龙（九节板凳相接）。舞板凳龙动作有二龙抢宝、金蝉脱壳、黄龙盘身、黄龙咆哮、古树盘根、龙摆尾、四龙抢宝，大小龙遥相呼应、相映成趣，场面十分热闹壮观。板凳龙这种表演方式轻便灵活，深受男女老少喜爱。人们用这种形式辞旧迎新、共庆佳节。土家板凳龙，在黔江、酉阳、思南、印江均有流传。

龙舟与江潮一起狂欢

五月初五，或五月十五为大、小端阳，这天乌江流域的思南、沿河、德江、石阡、彭水等处，都要进行龙舟赛。有人吟诗颂道：

江阁迎宾笑倚栏，画船齐聚万人欢。

乘风破浪谁先胜，击节中流兴未阑。

刚涨端阳水的乌江上，波涛翻滚，两岸挤满了前来观看赛龙舟的人群。龙舟两条一组，准备比个高低。"嘭"的一声锣响，霎时间锣鼓阵阵，彩船如龙跃出江面，箭似的射向江心。

这是思南山城一年一度的龙舟竞赛。比赛前一个星期，乌江沿岸已洋溢着节日的欢乐气氛。各路船只纷纷组队，精选队员，检修船只，绑扎龙头，培训选手。还要派人采购雄壮的鸭子，精心喂养，保持其良好的状态。初四下午，各路龙船队敲锣打鼓，给龙舟披红挂彩，备上香纸、供品，到乌江祭龙，饮龙水，以求龙神保佑年岁，保佑竞赛取胜。

初五清晨，数十只龙船从乌江上下游驶来。各船队员生龙活虎，身着一色的背心、短裤。船队中有那么几艘扎凤头、绑凤尾，队员身着花裙、短袖衣的船只,那便是"娘子军",被称为"凤船"。龙凤船一起下江,意味着龙凤呈祥、风调雨顺。船队进入指定区域,整装待发,指挥台号令一下,各路船队敲锣打鼓,摇旗呐喊,只见一双双手臂整齐划动,一支支桡桨一齐翻起。顿时,浪花乱溅,船行如飞,两岸人山人海,"加油"声此起彼伏,响彻江畔。

　　龙船竞赛刚结束,"抢鸭子"又把活动推向了高潮。一时,数百只鸭子被人先后抛向空中,飞向宽阔的江面,几十只龙船昂首翘尾,同时向有鸭子的地方划去。被追抢的鸭子嘎嘎大叫,惊惶失措,四处乱游。当队员们跳下船,猛扑过去时,鸭子或潜入水中,或拍打着翅膀连浮带飞地逃离。此时,船上、岸上欢声雷动,热闹非凡。有的观众情不自禁地向江面抛出粽粑、糖果,以示祝贺。

　　最后,以抢鸭子数多者为胜方,被视为交了"龙运",要披红挂彩,获得奖品。

龙舟赛,思南五月初五端午节举办的乌江龙舟赛,点龙(船)眼睛

八、野味十足的文化艺术

龙舟赛,思南五月初五端午节举办的乌江龙舟赛——抢鸭子,以抢得多者为胜

乌江——远山的歌谣

龙舟赛，思南五月初五端午节举办的乌江龙舟赛——赛前准备

龙舟赛，思南五月初五端午节举办的乌江龙舟赛——正在竞赛中